孟庆旸 不止青绿

王珏——著

中国出版集团　东方出版中心

图书在版编目（CIP）数据

孟庆旸：不止青绿 / 王珏著. 一上海：东方出版
中心, 2023.11
　　ISBN 978-7-5473-2278-9

　　Ⅰ.①孟… Ⅱ.①王… Ⅲ.①孟庆旸－传记 Ⅳ.
①K825.76

　　中国国家版本馆CIP数据核字(2023)第198566号

孟庆旸：不止青绿

著　　者　王　珏
出版统筹　刘佩英
责任编辑　黄　驰　刘　叶
装帧设计　钟　颖

出 版 人　陈义望
出版发行　东方出版中心
地　　址　上海市仙霞路345号
邮政编码　200336
电　　话　021-62417400
印 刷 者　上海盛通时代印刷有限公司

开　　本　710mm×1000mm　1/16
印　　张　12.75
插　　页　1
字　　数　103千字
版　　次　2024年1月第1版
印　　次　2024年1月第1次印刷
定　　价　88.00元

序 言

　　近日读了《人民日报》王珏老师写的《孟庆旸：不止青绿》初稿，更多地了解了一位优秀舞者的成长经历。

　　庆旸从进入中国东方演艺集团起一直是集团最优秀的舞者之一，之后演绎那么多高质量的舞蹈作品，塑造的"青绿"形象广为人知，成为近年来中华优秀传统文化的一个标志性舞台艺术形象，不是一朝一夕、偶然得来的。这些得益于她小时候健康平和的家庭教育，父母长辈给予了她很多的爱和引导支持，让她能在一个安稳和自由的环境中长大成人；也得益于她成长的不同阶段各位老师的倾情付出和培养，使她能够不断得到正确的指导和帮助；最重要的还是得益于她对自己的严格要求和付出的心血智慧，使得她在舞蹈表演艺术上取得了卓越的标志性的成就。殊为难得的是作为一名舞者，她始终能够坚持读书学习，厚植自己的知识素养和人生修养，具备坚韧的意志品质和恒定的价值取向，这为她业务精进和塑造角色的卓越能力奠定了坚实基础，也为她的持续进步、健康成长提供了根本保障。时代和社会也给她提供了机会，但这机会只给予一个有准备的人、一个认真负责的人、一个付出辛勤劳动的人。培养一名优秀舞者真的很不容易，尤其是优秀的、素质全面的、艺术生命力持久的舞者。时代、社会和单位多数时候只能提供一些共性的帮助和机会，根本的还在于个人的勤奋和努力。

时代给文艺工作者提供了最好的成长和展示的机会。造就大批的优秀艺术人才是包括国有院团在内的社会各界共同的责任。我们希望通过以孟庆旸为代表的年轻艺术家的成长经历，能够总结出艺术人才成长的一些规律，尽可能给予他们帮助和支持，也希望更多的从事舞蹈艺术和其他艺术的年轻人从中得到启发。

孟庆旸是中国东方演艺集团这个国家团队的光荣。我们希望团内出现更多的孟庆旸，也希望中国的舞蹈界和艺术界有更多孟庆旸式的年轻人不断涌现出来。

祝贺孟庆旸，祝福更多的青年文艺工作者。

以上感受，权以为序。

景小勇

2023 年冬

（景小勇，中国东方演艺集团党委书记、董事长）

目录

第一章

锦

瑟

舞蹈就像我口袋里的一颗糖，它赋予我精神上的快乐和力量。

也许舞者艺术生涯是有限的，但舞蹈作为一种艺术语言，所能够承载的美好记忆和情感是无限的。

——孟庆旸

孟庆旸小时候体弱多病，父母让她学跳舞增强体质。这个偶然的选择，也开启了孟庆旸的舞蹈生涯。

"冰肌玉骨天分付。"在舞蹈班，孟庆旸的舞蹈天分很快显现，她跳舞从来不喊苦喊累。家里的教育"随性，不强求"，父母给予孟庆旸充分的尊重。

"锦瑟无端五十弦，一弦一柱思华年。"令孟庆旸自己都没有想到的是，穿上"红舞鞋"，她从河南省周口市的艺术团，一路跳上了国家最高的舞台。

孟家姑娘

"无名无款，只此一卷；青绿千载，山河无垠。"在中央广播电视总台2022年春节联欢晚会的舞台上，舞蹈诗剧"《只此青绿》——舞绘《千里江山图》"选段惊艳亮相，吸引了无数观众的目光。

舞蹈诗剧《只此青绿》分为"展卷""问篆""唱丝""寻石""习笔""淬墨""入画"7个篇章，讲述了故宫博物院青年研究员在研究《千里江山图》时"穿越"到北宋，以"展卷人"的身份陪伴北宋画家王希孟创作《千里江山图》的故事。亮相春晚的《只此青绿》呈现的是该剧的华彩段落——青绿女群舞。

舞台上，水波盈盈的倒影间，担任领舞的孟庆旸屏气凝神，静待"入画"。垂眼凝眸间，清冷美丽；举手投足间，意蕴悠长。孟庆旸用极具表现力的舞蹈动作、极其凝练的舞蹈意象，化身"千里江山"，呈现着中华优秀传统文化之美。

和任何一场演出一样，演完《只此青绿》，孟庆旸来到后台卸妆。春晚还在进行，孟庆旸换下演出服，穿上日常的衣服，自己开车回到北京家中。

新年的钟声即将敲响。这个春节又没法回家团聚了，她照例给父母打电话问候。

然而，和其他演出不一样的是，孟庆旸的手机开始不断振动，无数条微信和短信纷纷涌入，充满了对演出成功的祝贺、对舞台效果的溢美之词："惊艳""绝美""此生只愿入华夏"……

她完全没有想到，登上春晚舞台的《只此青绿》瞬间火爆全网。节目一经播出，相关话题便开始频繁登上《人民日报》、新华社等主流媒体以及新浪微博、抖音等平台的热搜。据统计，舞蹈诗剧《只此青绿》（选段）登上中央广播电视总台《2022年春节联欢晚会》舞台，全网覆盖数十亿人次，相关词条在微博、抖音的热搜榜登榜10余次。

"10，9，8，7，……4，3，2，1"屏幕上，央视春晚进入新年的倒计时环节。新的一年来了！在这个阖家欢聚的日子里，孟庆旸还有些恍惚，外界的喧闹似乎与她隔绝了。

她望着灯火璀璨的窗外，思绪飘到了远方，仿佛看到了儿时的自己，那个怀揣着舞蹈梦的小女孩……

"万家灯火侔江浦，千帆云集似汉皋。"在河南省东南部，一个叫作周口的城市静静地坐落在这片黄淮平原的腹地。周口历史悠久，相传为太昊之墟、神农建都之地。

拥有数千年文明历史的周口市，有着宁静悠远的气息。沙颍河、涡河、西汜河、洪汝河等淮河支流蜿蜒而过。太昊陵、老君台、大程书院、关帝庙……分布在如今总面积1 000多平方公里的城市里，默默地述说着周口的悠久历史和文化传承。

1992年4月24日，孟庆旸出生于河南周口。孟庆旸的出生，令父亲孟献东、母亲席凤梅印象深刻。当时，席凤梅怀着孟庆旸已经40周，以医学标准来说，孟庆旸已经足月了。

40周又1天、40周又2天……全家都在欣喜地期待孟庆旸的诞生，但孟庆旸没有一点出生的迹象。等到足月过了15天，孟庆旸还未出生。医生对席凤梅说，再等下去怕羊水浑浊，影响生产。席凤梅听了医生建议，去医院打了催产素，选择了剖宫产。

　　伴随着一阵响亮的哭声，孟庆旸出生了。"恭喜，7斤4两。"护士对席凤梅说，"是个姑娘。"

　　孟庆旸的爷爷在政府部门工作，奶奶是国家税务局的员工，父亲孟献东在事业单位工作，母亲席凤梅是周口木材公司的会计。她的诞生，给这个平凡的家庭带来了很多的欢乐。

　　刚出生，孟庆旸就展示出了和别的小孩不一样的"特点"——哭声大。

　　按照当时产科的习惯，护士把新出生的孩子都统一放置在婴儿看护室。孟献东去婴儿室看孩子，老远就听到"哇哇"的孩子哭声。他走近一看，那个哭声最大的，不就是自己女儿吗？

　　只见在一群刚出生的孩子中，孟庆旸扯着嗓子哇哇哭。她不仅自己哭，还带动其他孩子一起哭。渐渐地，孟庆旸的哭声在医院都小有名气了。孟庆旸家后来搬到地委小院里，她又成为小院里哭声最大的那一个。每当小院响起震天的哭声，邻居家都会打趣道，一定是孟家的孙女受委屈了。

　　孟庆旸的哭声也似乎预示着，孟庆旸的"与众不同"。

　　孟庆旸小时候不爱吃饭，一到吃饭的点就跑，本身又体弱多病，让家人很是担心。席凤梅回忆："我家姑娘在3岁以前，几乎天天去医院打针。不是头疼脑热，就是忽然拉肚子了。"所幸孟庆旸从小就很乖、很听话，是那种大人跟她讲道理她能听进去的孩子。孟献东、席凤梅每次哄她说喝药能治病，她就乖乖喝了药。

　　所以，席凤梅到现在还说："养我家这个小不点，就像养了双胞胎。"孟庆旸小时候身子弱，几乎天天上医院，又爱黏着妈妈，用席

凤梅的话说就是"上班下班喜欢闹我"。这些都让席凤梅有些精力不济。孟庆旸姥姥安慰席凤梅说："闹人的小孩长大后最孝顺。"席凤梅当时只当作安慰的话来听。后来孟庆旸去北京上学、进入国家艺术院团、多次登上春晚、成为《只此青绿》的主演，几乎没怎么让席凤梅操过心。更重要的是，孟庆旸对母亲非常耐心，在席凤梅的记忆里，孟庆旸几乎没有对她大声说过话。这些都印证了孟庆旸姥姥的话。

当然，这是后话了。

孟庆旸小时候就是个"美人胚子"，她眼睛大、脸盘小、鼻梁高，周围的人都说，孟庆旸继承了爸爸妈妈长相的优点。席凤梅不吝喜爱："我姑娘可会长了，从小就漂亮。"和同龄女孩一样，孟庆旸从小爱美、爱打扮。趁席凤梅上班的时候，孟庆旸会在家偷穿妈妈的高跟鞋，偷试妈妈的漂亮裙子。

与孟庆旸漂亮的长相、乖巧的性格形成对比的是她那要强的个性。俗话说："三岁看到老。"孟庆旸三岁时已经显露出不一般的个性。席凤梅讲道："我家姑娘虽然外表柔弱，但是内心强大。"席凤梅回忆，孟庆旸小的时候就很要强，遇事很有主见。和同龄的孩子玩游戏，她都想争第一，得不了第一就哭。周围的老人对席凤梅说："你家这个姑娘，好厉害！"

在爸爸孟献东的印象中，孟庆旸从小就是一个不服输的孩子。孟献东记得，有一次，孟庆旸和小朋友们比赛跑步。孟庆旸比其他几个孩子小好几岁，个子自然也是最小的一个。结果不出意料她输给了其他人，孟庆旸难过地哇哇哭。孟献东心里知道，姑娘有一股坚韧不拔的劲儿。"她想要的，不管付出多少努力，她都会做到。"孟献东说。

孟庆旸上幼儿园的一个插曲同样令他记忆颇深。上幼儿园不久，孟庆旸就对孟献东说："我要当班长！"

那段时间，孟庆旸刚被送到幼儿园，一下子离开了家人的照顾，转而接受幼儿园的集体管束，孩子们大都不适应。孟庆旸也老跟孟献东、席凤梅抱怨说，不想去幼儿园。有时候她还找各种理由不去幼儿园。

孟献东灵机一动，问孟庆旸："你真想当班长？"

孟庆旸郑重地点了点头。

孟献东说："那你要努力才能当上。不想去幼儿园，怎么当班长？"

孟庆旸没有回话，小小的脸庞上呈现出一副若有所思的样子。

从那之后，孟庆旸再也没有找借口不去幼儿园，也再没有说过不想去幼儿园了。更重要的是，她后来顺利当上了幼儿园班长。

孟献东、席凤梅平时上班，奶奶就在家照看孟庆旸。孟庆旸从小就是个乖孩子，带起来很让人省心。她不吵不闹，有时看《樱桃小丸子》的漫画书，有时看动画片，不知不觉，白天的时间就过去了。后来孟庆旸上了幼儿园，奶奶也会来接送她。

也因此，孟庆旸和奶奶的感情非常深。奶奶曾是当地国税局的员工，用孟庆旸的话说就是，"奶奶是个有文化的人"。孟庆旸的小名"扬扬"，就是奶奶给她取的。

说起来，孟庆旸的名字颇有来历，她是孟子的第七十三代嫡系子

孙，属庆字辈。不过后来孟献东、席凤梅觉得原名中的"扬"字有些普遍，就想着能给女儿改个名字。平时爱好国学的孟献东给孟庆旸看过"八字"。孟献东私下对朋友说："孟庆旸生辰八字里全阳，这样的孩子可不一般。"他翻遍了《康熙字典》，找到了"旸"字，表示太阳升起。于是，孟献东就把孟庆扬的"扬"改成了"旸"。

旸，寓意日出，象征着希望和生机。

跳舞"小猴子"

人的记忆有时很奇特，它并非能仔细还原过去的一点一滴。当人们回溯岁月的长河，经过一张叫作记忆的大网过滤，平凡琐碎的往事渐渐隐匿于心底，留下的那些"不平凡"，则随着时间的流逝越发令人啧啧称奇。

回忆起孟庆旸的童年，在孟献东的记忆里，时不时会浮现出一件奇怪的事。在孟庆旸1岁8个月大的时候，她的爷爷去世了。家里忙着办丧事，大人们抽不开身照顾小孩，孟献东和席凤梅就决定把孟庆旸送到姥姥家。

姥姥接走孟庆旸后，在路上路过一家商店，姥姥进商店给外孙女买糖，没想到一转身的工夫，孟庆旸就不见了。

"旸旸！""旸旸！"姥姥赶紧在商店找了一圈，没人。

姥姥急得满头大汗，那家商店离汽车站很近，孟庆旸是不是遇到了坏人？她会不会被人贩子拐到车站了？

不祥的预感充斥了姥姥的脑海。商店离姥姥家不远，姥姥赶紧回家，发动院里的老人一起出来找孩子。

十几个老人，走街串巷，呼唤着孟庆旸的小名，搜索着孟庆旸的小小身影。天色越来越黑，大家的心情也越来越低落，姥姥甚至急哭了。

找了两三个小时依然无果，大家建议姥姥先回家。闻讯赶来的孟献东、席凤梅接着在外面找。结果戏剧性的一幕出现了，姥姥还没到家门口，就看到小小的孟庆旸已经坐在姥姥家门口了。

孟献东说，孟庆旸回姥姥家的次数并不多，对姥姥家的位置也不算熟悉。而且当时路上人来人往的，他到现在都没想明白，1岁多的孟庆旸是怎么自己穿过马路、穿过人群，找到回家的路的。

妈妈席凤梅还记得一件很小的事。4岁的时候，孟庆旸得了百日咳，一直咳嗽，她被带着看了医生，吃了很多药，用了很多办法，咳嗽就是不见好。孟庆旸白天咳，晚上咳，有时候咳得整夜都睡不好。席凤梅很心疼女儿，她四处打听，想尽快治好孟庆旸的病。

皇天不负有心人，席凤梅问到了一个偏方——吃鸡苦胆能够治疗百日咳。鸡苦胆不难找，席凤梅买来了一只鸡，三下五除二，挖出鸡苦胆。只见鸡苦胆呈现黑色，外观是圆锥状。担心女儿吃不下，席凤梅精心处理了鸡苦胆。不过，尽管经过了处理，鸡苦胆仍散发着一股苦涩难言的味道。

席凤梅叫来孟庆旸，她看着鸡苦胆，又转头看了看睁着大眼睛的孟庆旸，自己都感觉有点难以下咽。担心孩子有反抗情绪，席凤梅耐心地跟孟庆旸说，吃鸡苦胆能治病。谁知，孟庆旸听了后，眨了眨眼睛，抓起鸡苦胆，一口就咽了下去。席凤梅至今回忆起这一幕，仍觉

得很感动。席凤梅说："我姑娘一声不吭哧，直接吃了。"

也许是苦胆起作用了，也许是百日咳病毒威力减弱了，孟庆旸的咳嗽就这样奇迹般治好了。

也或许，从那个时候起，小小的孟庆旸就知道，生活的苦和甜，都需要自己品尝。

孟献东、席凤梅的教育方式，更多是以平等的姿态与孟庆旸沟通交流，给女儿最大的尊重。用席凤梅的话来说，家里的教育"随性，不强求"。"孩子小的时候就让孩子尽情玩，喜欢什么看什么。即使后来孟庆旸上了学，家里也依然保持快乐教育，从不要求姑娘考试考100。"席凤梅说，"我们不是鸡娃的家庭。"相比学习，席凤梅更关心的是孟庆旸的身体。3岁之后，为了增强女儿的体质，席凤梅在食物营养搭配上越发上心，给孟庆旸炖排骨汤、鱼汤，变着法子做好吃的，给她补充营养。为了让瘦弱的孟庆旸加强锻炼，又考虑到孩子爱美的性格，孟献东、席凤梅还给孟庆旸报了舞蹈班。

孟庆旸自身优秀的练舞条件在她很小的时候就显露了出来。报舞蹈班之前，席凤梅的姐姐席秀梅有一次来孟庆旸家里做客，她无意中发现躺在床上的孟庆旸，身子竟然能弯成"S"形，十分柔韧。她私下跟席凤梅说："姑娘身子骨那么软、人那么瘦，适合跳舞啊。"

对姐姐的话，席凤梅一笑而过。席凤梅、孟献东为孟庆旸选择舞蹈，仅仅只是觉得孟庆旸体质不好、老去医院，可以通过学习舞蹈锻炼身体，此外并没有什么别的想法。

然而，当时的孟献东、席凤梅不知道的是，他们的这个决定，开启了孟庆旸此后20多年的舞蹈生涯。穿上"红舞鞋"，孟庆旸从周口市的艺术团跳啊跳，一直跳上了国家最高的舞台。

20世纪90年代，周口这个中部城市还是艺术教育相对贫瘠的地区。在这里，学艺术的孩子并不多，艺术的氛围也没有那么浓厚。周口市区内的舞蹈班很少，席凤梅四处打听，得知一个幼儿园老师开设了舞蹈班，就给孟庆旸报了名。

私人开设的舞蹈班受外部环境的影响大，孟庆旸没学几个月，舞蹈班就因为场地等原因不办了。孟献东、席凤梅又托了很多人打听，听说周口市电视台艺术团有舞蹈班，立马给孟庆旸报了名。

周口的夏天，阳光灿烂、空气燥热。5岁那年的盛夏，孟庆旸加入了周口市电视台少儿艺术团。艺术团位于周口电视台旁边一栋灰色的小楼里。小楼旁就是当地的电影院，电影院荒废后改造成了艺术培训中心。舞蹈课分为小班、中班、大班三个班，每个班有十几个孩子。孟庆旸报的是中国舞班，她成为中国舞班年纪最小的学员。

就这样，孟庆旸开启了自己的舞蹈生涯。

每天早上5点，睡得迷迷糊糊的孟庆旸就被席凤梅、孟献东叫起床，坐在爸爸妈妈摩托车的后座，被送到舞蹈教室。早上6点到7点，是孟庆旸的舞蹈课时间。7点下课后，孟庆旸再被爸爸或妈妈送去学校。和一般家长不同的是，只要有时间，席凤梅就会陪着孟庆旸，认真地记要点，也和孟庆旸一起学习，一起"成长"。

5岁的孟庆旸，小小的脸衬着大眼睛，加上纤瘦的长胳膊长腿，显得耳朵尤其大。她也因此得到了一个外号——"小猴子"。上课的时候，孟庆旸和小朋友们学习跳舞。课间休息，她和小朋友们分享水果和零食。席凤梅说，所有水果中，孟庆旸从小就最爱桃子。于是，每节舞蹈课，席凤梅都会给孟庆旸准备一个桃子。于是，她也自然而然地得到了另外一个绰号——"舞蹈班的小猴子"。

那是孟庆旸童年最快乐的时光，有父母的宠爱，有美美的舞蹈可以跳，有贴心的小伙伴陪伴左右。孟庆旸对舞蹈的兴趣，也是在那个时候埋下了种子，在未来的日子里，开始生根发芽，长成参天大树。

孟庆旸至今仍对这个舞蹈班心怀感念，对她来说，这是一段人生长河中闪闪发光的日子。在这里，她不仅碰到了舞蹈生涯中的第一位恩师，还和小伙伴们在童真年代结下了深厚友谊。

这么多年来，这个舞蹈兴趣班的成员一直保持着联系，分享着他们从幼年、青少年到成年的经历，也见证了彼此人生各个阶段的喜怒哀乐。直到现在，他们还会定期联系、不时欢聚。舞蹈班的成员，有的成了医学权威，有的成了金融人士……他们在不同领域发光发热。而他们之中，一直坚持舞蹈道路的，只有孟庆旸一个人。

艺术启蒙

　　"冰肌玉骨天分付。"在舞蹈班，孟庆旸的舞蹈天分很快显现。她身形瘦长、四肢纤长、柔韧性好，具备成为一名舞者的天生条件，她可以很轻松地把腿掰到脑袋上，也可以在正常劈叉的情况下，继续抬高腿，把腿置于椅子上，横叉大于180度。

　　也是在这个舞蹈班，她遇到了她的舞蹈启蒙老师——李萨。孟庆旸形容第一次见到李萨老师的印象："李老师20岁出头，很少发脾气，很漂亮，天然就能吸引小孩子。"

　　李萨老师，也从众多孩子中一眼看到了孟庆旸。她形容初次见到孟庆旸："感觉这孩子特别乖巧，话不多，扎着两个小辫儿，瘦瘦的，小胳膊小腿儿修长修长的，是块学舞蹈的料儿。"令李萨印象最深的是孟庆旸甜甜的笑容。李萨说："在我的记忆深处，旸旸的眼睛是那么清澈，水汪汪的，尤其是那个渴望学习的眼神，我永远都不会忘记。旸旸性格开朗，无论遇到什么事情她都能乐观面对，自律刻苦又有上进心。""小姑娘的笑容非常治愈，永远不急不躁。"

在舞蹈班，李萨训练孩子们的柔韧度。压胯，是舞蹈班的第一课。孩子们都疼得大哭。第一次压胯，孟庆旸也觉得很疼，但她一声没吭。

舞蹈班的训练一天天过去了。很快，孟庆旸有了第一次登台的机会——《咕咚来了》。这是孟庆旸在舞蹈班参演的第一个作品，"扫地小猴子"也是孟庆旸舞蹈生涯中第一个角色。当时孟庆旸才6岁多，李萨说，孟庆旸只需要在演出中"晃一下"，但她还是尽心尽力地学习和排练，用活灵活现、惟妙惟肖的表现塑造着小猴子。

令李萨记忆深刻的是孟庆旸在另一个表演剧《卖火柴的小女孩》里的表现。剧中，孟庆旸演一个小火苗。"她舞感特别好，演什么像什么，那么小的年龄，就已经深入到角色里，与角色融为一体。"李萨说。

在基本功训练、排练演出的同时，李萨又给孩子们加上了芭蕾基训、古典舞基训、古典的身韵训练等，还加上了很多民间舞小组合。

这一学，就是4年。孟庆旸每天都坚持来舞蹈班。365天，几乎天天风雨无阻。除了舞蹈天分卓越，孟庆旸的勤奋也引起了李萨的注意。李萨说，旸旸小时候学习舞蹈特别刻苦，不论是平时上学期间还是寒暑假，从未间断过，也从不迟到不请假，无论严寒还是酷暑，从未停下过学习的脚步。每次上课她都是最早来到班上，课堂上认真学习，跳不好不回家，学不会不睡觉。小小年纪竟然有如此毅力和韧劲，实属难得。

孩子们的情感是纯粹、直接的。李萨对孟庆旸好，孟庆旸也喜欢李萨。小小的孟庆旸还常常跟着李萨回家。席凤梅形容，孟庆旸平时很谨慎，任何人都领不走，但也是奇怪，李萨一叫，孟庆旸就跟着李老师走了。

记得有一次，有一场演出需要孟庆旸去参演，让她跳一个藏族的独舞。为了方便演出，李萨就带她回家了。

李萨回忆，当时的孟庆旸也就七八岁的样子，特别可爱乖巧，到了家里，李萨问她："吃什么？"

孟庆旸回答说："都行。"

到了睡觉时间，李萨问她："盖的被子冷不冷？"

孟庆旸回答说："都行。"

第二天早晨，李萨问她："喝水不？"

她说："都行。"

不管问什么，回答都是"都行"。

李萨不禁笑了，这个乖乖巧巧的孩子，也太可爱了！

后来一个偶然的机会，李萨见到了席凤梅，才知道了孟庆旸真正的"心思"。

原来，孟庆旸从李萨那里回到家后，席凤梅问孟庆旸："在老师家里怎么样？"

孟庆旸就告诉妈妈，在李萨老师家里吃了什么，用了什么，干了什么。席凤梅听了后，有些奇怪："怎么你平常在家不吃的东西，咋李老师一给你吃，你就都吃了？"

孟庆旸说："那不是因为害怕李老师嘛，所以老师给我的东西我都吃了，而且我得听老师的话嘛，我可是个听话的乖宝宝。"

直到现在，李萨回忆起来，脑海里还是立刻就会浮现出孟庆旸那个时候的样子，特别特别可爱。

如今已经是黄河科技学院教授的李萨难掩对爱徒的喜爱，她形容自己是孟庆旸的"老粉儿"。"她能有目前的成就，源于她对舞蹈的热情和执着，源于她对舞蹈的那份坚持和信念，源于她孜孜不倦的追求，源于她不骄不躁、从容不迫的乐观心态……作为她的老师，看到她现在的发展和成就，我非常欣慰，也为她感到自豪和骄傲。我希望她不忘初心，在舞蹈的征程中发出自己的光和热！也为我们国家舞蹈事业发展增砖添瓦，从舞蹈出发，传承、发扬中华优秀传统文化。"

兴趣是最好的老师。好的老师、适合的方法，激励着小小年纪的孟庆旸持续着舞蹈的梦。学舞蹈期间，孟庆旸也从幼儿园顺利升入了周口市六一路小学，成了一名小学生。

除了舞蹈，从8岁开始，孟庆旸增加了一门课程——钢琴。孟献东、席凤梅考虑到只学舞蹈有点单调，学钢琴可以培养乐感，帮助孩子更好地表现舞蹈的肢体语言。

和以往一样，席凤梅和孟庆旸商量："旸旸愿意学吗？"

孟庆旸点点头，同意了。

孟献东的同学何新是钢琴老师，孟献东请来了何新给孟庆旸教学。有了钢琴老师，那么钢琴从哪里来呢？

孟庆旸的姥爷花费了"巨资"，给孟庆旸买下了人生中第一架钢琴。这是一台棕色的钢琴，琴身泛着棕红色，有着流线型的钢琴腿，浑身散发着优雅的气质。那是 2000 年左右，钢琴又是很昂贵的乐器，孟庆旸姥爷没有犹豫就花了 10 000 多元买下了这架钢琴。对孟庆旸选择的事，家里的默默支持与付出，都倾注了他们对孩子的爱。到现在，孟庆旸都舍不得扔掉这架钢琴，每次搬家都会带着。

孟庆旸开始了她的学琴生涯，每周上一到两次课。刚开始的时候，孟庆旸还挺喜欢去上课。慢慢的，学习的曲子有点难度了，但还要保证每天一小时的练习，这对孩子来说逐渐有些枯燥，孟庆旸就有小情绪了。

怎么培养孩子坚持的习惯呢？席凤梅知道孟庆旸爱美，就想到了一招。席凤梅和孟庆旸郑重地谈了一次话。席凤梅对孟庆旸说："学钢琴是辛苦，但是技艺学到你身上了，谁也抢不走的，也不要求你学得精，只要会，认识五线谱就行。你长大以后一定会感谢自己现在的坚持，你也会变得更自信、更漂亮的。"

这番谈话后，席凤梅感觉孟庆旸听进去了，练琴也能坚持了。"果然爱美是不分大小年龄的，在这体现得淋漓尽致。"席凤梅默默地想。

这样的交流是母女间常见的沟通方式。从小到大的每一件事，席凤梅都会和孟庆旸平等交流，孟庆旸也是一个听得进父母话的孩子。孟庆旸学钢琴，一直坚持了四五年，后来孟庆旸到北京上学，就利用寒暑假的时间回家学钢琴。

钢琴和乐感的训练，也为孟庆旸今后的职业生涯打下了更为扎实的基础。

如果说在舞蹈课上，孟庆旸轻轻松松就能赢得众人的目光，那么在文化课上，孟庆旸就没有那么擅长了。孟庆旸是6岁半上的一年级，和其他孩子相比，她年纪偏小，学习自然有些吃力。

三年级的时候，孟庆旸迎来了分班。席凤梅很信任李萨，于是找到李萨商量，李萨综合考虑了孟庆旸的条件后，建议她去北京考专业舞蹈学校，走专业舞蹈的道路。

独自生活

如果说人生犹如河流，有时波澜壮阔，有时缓缓流淌；有人一路通途，有人则百转千回，但最终都会流向那属于每个人的远方。在旅途中，偶尔会出现一些意想不到的机遇，像是命运在冥冥中发出召唤。

1999年，孟献东、席凤梅一家和其他朋友一起去北京玩。在北京接待他们的朋友，安排他们在北京吃饭。就是这样一个偶然的饭局，竟然就让孟庆旸和专业舞蹈生涯结下了缘分。

孟献东回忆起当年，直言北京的朋友很客气，还叫了中国歌舞团的一位领导来一起吃饭。朋友选的饭店包间很大，几家的小孩就在包间里来回跑。

大家彼此都是很熟悉的朋友，又认识了新的北京朋友，觥筹交错间，大家都很尽兴。忽然，这位中国歌舞团一个处室的处长对孟献东说："你们家小姑娘条件挺好的。"

孟献东没有在意："嗯？"

处长继续问："你家小孩学舞蹈吗？"

孟献东回答："学，从小学。"

处长继续说："你家姑娘和其他小姑娘不一样。明天我把舞蹈队队长叫来，看看。"

这是饭局间发生的一个插曲，孟献东没有放在心上。结果到了第二天，这个处长果然叫来了中国歌舞团舞蹈队队长。

舞蹈队队长看了看孟庆旸，直接点头说："这小孩就是学舞蹈的料。我们这有个学校，让她来吧。"

舞蹈队队长说的学校，就是中国歌舞团艺术学校。中国歌舞团艺术学校是面向全国招生的小中专，被录取的学生可以把户口直接从地方迁到北京。

一听说户口能迁来北京，孟献东也心动了。孟献东知道孟庆旸喜欢舞蹈，但也从来没有想过让孩子走专业舞蹈道路。被专业人士这么一说，他动了心思。

加上李萨老师这时也建议孟献东、席凤梅把孟庆旸送到北京学习。于是孟献东、席凤梅就把送孟庆旸去北京上学的想法，跟家里人进行了讨论。

没想到的是，这个想法受到了家里老人的强烈反对。

从小带大孟庆旸的奶奶，首先提出了反对："家里就一个女孩，这么狠心就送北京去了？"

孟庆旸的姥爷也不太同意，他分析了家庭的自身条件和客观现实，最后说道："学艺术的孩子，不太容易出来。"

长辈们说得好像都有道理，但好像也不完全正确。

怎么办?

孟献东、席凤梅决定把选择权交给孟庆旸自己。

于是,在孟庆旸8岁的时候,孟献东、席凤梅和孟庆旸进行了一场"大人式"的对话。

孟献东给孟庆旸分析了各种选择的利弊,如果孟庆旸选择去北京,那么她将独自面对很多事情,远离家人,忍受孤独,这对才满8岁的孟庆旸来说是不小的挑战。如果孟庆旸继续留在周口,家人可以陪在身边,但周口地方小,艺术教育不发达,老师也相对少,舞蹈专业程度必然不如大城市。

孟献东的态度很明确,他对女儿说:"如果学舞蹈,还是得去北京这样的大城市,但最终的决定权在你。"

席凤梅认真地问孟庆旸："要不要走专业路线？"

孟庆旸几乎没有犹豫，回答道："我去。"

听到这斩钉截铁的一声回答，席凤梅眼前浮现了这些年带着孟庆旸学舞的一幕幕场景，她想到这些年，每次去上舞蹈课，孟庆旸那充满期待和兴奋的小脸。她想到每次女儿下了舞蹈课还要赶去学校上课，大人都会有些精神不济，但孟庆旸从不喊累。她想到孟庆旸第一次压胯，她在一旁看着都觉得疼，但孟庆旸从没喊过一声。作为母亲，她太知道自己姑娘的心思了。

听了孟庆旸的决定，席凤梅一言不发，她只是在一旁默默地点了点头。

就这样，孟献东、席凤梅带着8岁的孟庆旸来到了北京，开始了她在北京的求学生涯，未知的、全新的生活就此展开。

到了北京，他们的第一站没有到中国歌舞团艺术学校，却是来到了另一个地方——北京舞蹈学院附中。

那是北京的3月份，还有些春寒料峭。在报名现场，孟庆旸看到了几百个孩子。还没开始考试，孟庆旸就感到了丝丝"寒意"。

初试的场地在舞蹈学院附中的一间教室。所谓的初试，就是看身体条件。学生们穿着单衣，由老师给他们量身高、比例，看身体条件和整体形象。符合条件的孩子会获得一张老师现场发出的通过卡，进入下一轮考试。

可惜的是，孟庆旸在初试就被刷了。北京舞蹈学院附中采取每轮淘汰制，这也意味着，孟庆旸没有参加复试的资格，她精心准备的舞蹈也没有了展示机会。不过，北京舞蹈学院附中这次开放招生的是芭蕾舞系，从小学中国舞的孟庆旸本来专业就不对口。但还没进入复试跳舞环节就被淘汰，孟庆旸难免有些气馁。

孟庆旸问席凤梅："为什么我没有考上？"

席凤梅说："可能是因为你耳朵太大了。"

妈妈风趣的回答一下逗笑了孟庆旸，被淘汰的阴霾很快就消散了。

没有考进北京舞蹈学院附中，孟庆旸来到了中国歌舞团艺术学校。就这样，孟庆旸留在了北京，进入了小中专。家人把孟庆旸户口迁到了北京。

离开北京前，孟献东语重心长地对孟庆旸说："在周口我们有什么都给你，在北京就什么都给不了你了。"

言下之意，接下来，万事都要靠孟庆旸自己了。

在孟庆旸的记忆中，因为忙于工作，父亲的角色在她的生活中多少有些缺失。但每每到了人生的关键节点，孟献东总是能够给予孟庆旸指点。事实也证明，孟献东对孟庆旸的规划，有跳出当下的远见，无论是孟庆旸的学习还是工作，孟献东都从更为长远、更为广阔的视角出发，给予孟庆旸指导。在她人生的转折点或迷茫期，孟献东的建议和指点，往往能起到定海神针的作用。

与感性细腻的母爱形成对比，孟献东给予孟庆旸的更多是理性的指导。在孟庆旸小的时候，孟献东就常带着她分析问题。孟献东跟孟庆旸说过的最多的话就是，面对问题，要多方考虑。如果做好决定，就坚定地走下去。

父爱，或许不像母爱那样无微不至，但孟庆旸人生中每一个重要

时刻，都少不了孟献东关切的目光。灯塔一般的父亲，大树一般的父亲，为女儿照亮了前行的路，也随时为她提供着有力的庇护。如山的父爱，沉默但厚重。

追

风

舞蹈是我的信仰，是我的生活中不可分割的一部分。

我的身份是一名舞者，可以用舞蹈向全世界传播我的祖国——中国的优秀传统文化。

——孟庆旸

9岁时，孟庆旸只身来到北京求学，走出了成为专业舞者的第一步。

14岁时，孟庆旸有了第一次参加全国性舞蹈比赛的机会。进而，考上北京舞蹈学院，成了她的梦想和追求。

可梦想的实现并非一帆风顺。

"追风赶月莫停留，平芜尽处是春山。"当孟庆旸站上北京舞蹈学院排练教室C位的那一刻，她在心里默默地对自己说："既然我站在这里，这个位置我就不会让给别人。"

恩师初印象

　　9岁那年，孟庆旸正式成为中国歌舞团艺术学校一年级学生，走出了专业舞者的第一步。

　　中国歌舞团艺术学校的学费是一年18 000元，这在2000年前后那个年代是一笔很大的支出。孟献东、席凤梅却没有丝毫犹豫，他们在北京陪了孟庆旸几个月就离开了北京。小小的孟庆旸，过起了离开父母的学校集体生活。

　　中国歌舞团艺术学校坐落于北京回龙观的一个小院里，几座楼围着一个小花园，其中一栋红色办公楼就是孟庆旸的舞蹈团所在地，她们的衣食住行都在一栋楼里。

　　每天早上6点，孩子们被准时叫起来跑步，各个班级穿插进行。8点开始上课，上午一般是舞蹈课，下午是文化课。因为孩子们年纪小，学校采取的是封闭管理，孩子们可以下楼，但不能出小院。

　　9岁的孟庆旸还不会自己扎辫子，但好在小伙伴们也都不会。孟庆旸很快显示出了很强的适应力。她自己洗脚、洗脸，还学会了扎头发，有了和自己关系好的小伙伴。孟庆旸形容道，大家一开始都不知道怎么刷牙洗脸，不知道怎么扎辫子，然后慢慢地学会刷牙、洗脸、梳辫子，这个过程会让人变得独立、坚强。席凤梅也会问孟庆旸适不适应，想不想家？但孟庆旸几乎很少说"妈妈我想家""我不想跳舞了"之类的话。

哪能不想家呢？孟庆旸说，她们也都想家，想家的时候，宿舍的孩子就会抱在一起哭。生活管理老师会定期给孩子们发放几十块生活费。每到这时，孟庆旸就会和孩子们一起去楼下超市买零食，她们通常选择七八点老师回家后再溜下楼，买冰激凌、薯片、糖果，这给单调的集体生活带来了不少乐趣。孟庆旸尤其爱吃番茄味的薯片和黑妞软糖，在大冬天，她甚至会买冰激凌。在北京最冷的天气里，吃着冰激凌，这些"出格"的小幸福，孟庆旸至今记忆犹新。

对于小小年纪的孟庆旸来说，每次给奶奶打电话都无比开心。孟庆旸和奶奶感情很深，她知道奶奶喜欢看电视，每次在电话中依依不舍地和奶奶寒暄完毕，孟庆旸都会保证道："奶奶，等我回去就陪你看电视。"

本来以为是孩子离不开大人，结果发现是大人离不开孩子。孟庆旸逐渐融入了北京的集体生活，倒是妈妈席凤梅，在孟庆旸去了北京后的大半年里，一直不太适应。妈妈总是担心孟庆旸照顾不好自己，担心孟庆旸文化课跟不上老师的进度。想女儿了，她就看看孟庆旸的照片，心里总觉得空落落的。回忆起这一段时光，席凤梅感慨道："我们不要低估孩子，不要低估孩子的能力。"

对于当时学舞蹈的孩子来说，专业舞蹈的路径相对而言比较清晰：一是进入大的艺术院团，这些院团有培训班，培训班会选拔孩子直接进入对应的艺术院团；二是进入北京舞蹈学院、上海戏剧学院等专业学校学习，毕业后再去各个院团、剧团找工作。这种清晰的路径某种程度上也意味着残酷，和其他艺术门类一样，舞蹈行业也是"金字塔"结构，天分、勤奋、运气等各个因素缺一不可。在学舞蹈的孩子中，能够坚持学习，并且崭露头角的孩子，可谓凤毛麟角。社会文明程度的提高，对学舞蹈的孩子也提出了更多的要求，除了舞蹈技术好，对文化背景的理解、对知识的掌握等综合因素，在舞蹈艺术生的综合素质和竞争力中发挥着越来越重要的作用。这些也决定了一个舞者的专业道路能否走得远、走得长。孟献东早早预见到，即便是学舞蹈的孩子，以后也需要大学文凭。尽管一开始没有进入北京舞蹈学院附中，他仍希望孟庆旸能够进入北京舞蹈学院。

2002年，在中国歌舞团艺术学校学习一年半后，孟庆旸来到北京戏曲艺术职业学院参加了转学考试。转学考试的剧目，孟庆旸选择了古典舞《梁祝》。

孟庆旸进入考场，刚起范，老师就喊了一声："停！"

孟庆旸满脸疑惑："老师，我还没跳完呢？"

全场老师都笑了。

也许是孟庆旸的范儿，也许是孟庆旸的现场表现，给老师们留下了深刻印象。总之，孟庆旸顺利通过了考试，成为中国古典舞班的插班生。

　　人群中的孟庆旸，乖巧、美丽，不善于表达，也不擅长主动社交。来到陌生环境中，她也会紧张害怕。但只要开始跳舞，她就仿佛变了一个人。

　　在这里，孟庆旸遇到了她的第二位恩师，时任北京戏曲艺术职业学院教师的吴蕾。

　　孟庆旸给吴蕾留下的第一印象，就是她独有的安静气质。用吴蕾的话形容就是："第一次见孟庆旸，就感到了一种特别的安静。"

　　吴蕾说，孟庆旸是那种天赋条件非常卓越的学生，她自身的条件、她散发出的气质，都有一种天生舞者的感觉，让你会在众人中第一眼就看到她。吴蕾形容她第一次见到孟庆旸的场景，就仿佛是电影的延时镜头，其他人都是跳动的，只有孟庆旸是安静的。

　　吴蕾记得，当时孟庆旸跳了一个古典舞的声韵小组合，"就像一朵莲花里的小童子一样"。孟庆旸的身形好、姿势美。同样的舞蹈、同样的姿势，她能最快、最好地掌握动作要领，完美表达情绪。

　　如今的吴蕾，已经是北京戏曲艺术职业学院副院长，每年都会接触很多舞蹈专业的学生，她培养的学生也成百上千、遍布全国。即便如此，和孟庆旸的初见让她至今记忆犹新。吴蕾说，她是我这么多年看过的这么多学生里，印象尤为深刻的那种。师徒的缘分，就在那个时候开始了。

　　吴蕾形容，孟庆旸身体协调性非常好，是综合能力特别强的一个孩子。"虽然她在当时的班级里年纪很小，但她的动作非常顺，理解力也非常强。"吴蕾说。

　　对于爱徒，吴蕾毫不掩饰对她的关注。在2002年至2008年，吴蕾亲自培养孟庆旸的舞蹈。在文化课之外，她被吴蕾允许可以跟着任何一节专业课任何一个班上课，甚至吴蕾给大专的学生上课，孟庆旸也可以旁听。吴蕾解释道，对于这种条件特别好的孩子，她会有一些特别的偏重，希望能竭自己所能帮助学生取得成就。

　　后来，孟庆旸从小舞台跳到了更大的舞台。吴蕾始终关注着孟庆旸，她会走进剧场，认真观看孟庆旸的每一部作品。看孟庆旸的舞蹈表现，看她的舞台处理，看她的人物表达，而孟庆旸也不负老师所望，每一次演出都能带给吴蕾别样的惊喜。作为孟庆旸少年时代的重要见证者，吴蕾总能在孟庆旸成熟的舞姿中看见她小时候的影子。"孟庆旸长大后的样子和小时候的样子，仿佛会在舞台上交错出现。"吴蕾微笑着说。

　　舞台上的孟庆旸，是当初参加"桃李杯"时稚嫩懵懂的小孟，又是兼具古典美感和独特气质的成熟舞者。"她的气质、气息都融入了中国古典之美，期待她在未来的作品中能一直保持和发扬古典意蕴之美、传统文化之美。"吴蕾说。

　　从一节节课堂的教学到一场场舞剧的磨炼，吴蕾也感触颇深。"优秀演员的不断成长离不开舞台实践。"吴蕾说，"这也会促使我思考舞台表演的教学问题，教学相长。"

初闯"桃李杯"

　　很快，自身的天赋卓越，加上勤奋刻苦的练习，14岁的孟庆旸被推荐参加了当年的"桃李杯"舞蹈比赛。"桃李杯"舞蹈比赛是由中国文化部主办的全国性专业舞蹈比赛，是国内规格最高的青少年舞蹈大赛。自1985年起，由北京舞蹈学院发起的"桃李杯"比赛，每三年举办一届，有着"中国舞蹈奥斯卡"的美誉。自举办以来，从"桃李杯"走出了一批舞蹈人才，"桃李杯"也由此成为选拔舞蹈青年人才的摇篮。

　　吴蕾心里清楚，每年的"桃李杯"是国内顶尖舞者的大赛，高手如林。参赛选手中，孟庆旸属于年龄偏小的选手，又是初出茅庐头一次参赛，难度不小。但好在她身体素质和综合能力强，身形条件优越，舞蹈基础也足够扎实，吴蕾还是对她抱了很大的期待和信心。

　　那么选择什么作品参加"桃李杯"呢？吴蕾想到了敦煌舞。敦煌舞是中国古典舞流派之一。敦煌石窟群藏有大量十六国时期至元代的乐舞资料，包括文物中的舞蹈形象及曲谱、舞谱等。其舞蹈形象主要

图片来源：时尚芭莎

包括经变画的天宫乐舞、壁画的民俗歌舞场面以及胡旋、胡腾、柘枝、霓裳羽衣舞等民族舞蹈形象。敦煌舞是在继承这一传统的基础上，秉承中国传统美学原则，吸收、借鉴西域各民族舞姿，运用古典舞蹈的节奏韵律，将静止的姿态和与其风格统一的动作过程结合而形成的较完整的舞蹈运动和造型体系。

吴蕾说，孟庆旸擅长表现各种古典舞造型，她能够摆出敦煌舞的各种典型形态，歪颈、拧腰、移胯、勾脚的"S"形三道弯式，造型优美，活灵活现。

吴蕾打电话给孟庆旸父母，征求他们的意见，孟献东、席凤梅几乎没有犹豫，很快同意了。"能在上学期间就有参加全国比赛的机会，这是学校和老师对孟庆旸的认可。"席凤梅说。

比赛，对于孟庆旸来说，是经验的积累，也是能力的提升，更是成长的经历。为了准备比赛，孟庆旸几乎用了整整一年时间来打磨作品。

在准备过程中，孟庆旸显示出了比同龄孩子更多的自律性。她每天上午学习专业课，下午学习文化课。上完了文化课，孟庆旸就开始排练舞蹈。每天简单吃个晚饭后，孟庆旸就一直在排练厅待到晚上10点。周一到周五，尚需要兼顾学校的正常课程，周六周日，她就把所有时间都用在排练作品上。

练习舞蹈、打磨作品、尝试各种技巧组合……孟庆旸和编导杨佳佳一点点排练《敦煌乐鼓》。5分钟时长的节目，她们需要不断构思动作，尝试不同的配曲，根据场景和曲目进行舞蹈编排。"舞蹈创作就像穿珠子一样，在哪里点缀、穿插，都需要一点点磨、一点点练。"孟庆旸说。

　　下课了，学生们去外面撒欢时，孟庆旸在排练厅跳舞；同寝室的小姐妹相约去吃美食，孟庆旸在排练厅跳舞；到了周末，学生们出校郊游，孟庆旸还在排练厅跳舞；到了寒暑假，其他人都回家了，孟庆旸仍然留在排练厅跳舞。

　　如果说身体上的劳累孟庆旸都可以克服，但精神上的孤独却始终如影随形，挥散不去。舞蹈虽然由编导和孟庆旸一起创作，但最终需要孟庆旸独立呈现。在排练厅那面大大的镜子前，孟庆旸永远面对的是自己，独自起"舞"。"好像永远都是一个人。"孟庆旸形容。

　　吴蕾回忆："那个时候，北京戏曲艺术职业学院舞蹈系组建的时间不长，参加'桃李杯'，对我个人而言也是一种锻炼。""桃李杯"决赛时间是在暑假，所以即便到了假期，孟庆旸也需要每天进行大量训练。吴蕾能看到，孟庆旸身边没有同学陪伴，总是一个人出没于排练厅，风雨无阻，感觉她好孤单。

　　吴蕾说："孟庆旸是那种不会天天围着你、在你耳边说这说那的孩子，但你的课堂要求、比赛要求她都记在心里，是有主心骨、有坚持的孩子。"

　　舞蹈创作，背后承载着的是导演、舞者、舞美设计师、服装设计师等无数人的付出。细节的打磨、舞蹈动作的构思、动作组合的连贯性、音乐的感染力、服装的设计……都影响着舞蹈的最终呈现。而最终这一切，需要由台上的舞者来完成。

　　一名优秀的舞者，需要有对舞蹈艺术的极致追求、对细节的精准把握、对内容的深入理解。因此，跳舞是一个漫长的过程，也是一个无止境的过程。孟庆旸此时的孤独，是成为一个优秀舞者必须经历的

阶段，也是一个舞者"破茧而出"必须要付出的代价。

所有的美好，都是背后一点点辛苦打磨得来的，经历过反复推敲、反复练习的作品才足以展现舞蹈艺术的美。

以敦煌舞的眼神为例，孟庆旸说，敦煌舞的精髓在于眼神，而敦煌舞所需要的眼神不那么具象。"眼神有点类似佛像眼神，但又不是纯佛像眼神，而是一种超越现实的虚无缥缈。"为了练好眼神，孟庆旸翻看找到的敦煌资料，看了无数敦煌舞的视频，还去甘肃敦煌莫高窟仔细观摩过壁画。

快到"桃李杯"正式比赛了，排练的时间也尤其宝贵。吴蕾建议孟庆旸，让家人来北京照料她的生活起居，好安心准备比赛。席凤梅工作比较忙，就委托孟庆旸奶奶去北京照顾她。

奶奶在北京陪了孟庆旸一个多月。北京的夏天，炎热、干燥，那是学校放假的时间，孟庆旸将所有时间都用来练习舞蹈。她每天早上9点出门，练到晚上7点多甚至更晚才回家。尽管奶奶在北京，孟庆旸也没有多余的时间陪奶奶，白天孟庆旸去练舞，奶奶就一个人在家。回忆起这些，孟庆旸还是有些内疚。

"台上一分钟，台下十年功。"2006年，第八届"桃李杯"比赛拉开帷幕，孟庆旸参加了少年乙组的比赛。"桃李杯"初赛是比基本功大课，孟庆旸很轻松地就"闯关"成功。复赛是民族民间舞组合，孟庆旸准备的是《海洋秧歌》。她一路过五关斩六将，来到了决赛。

"桃李杯"决赛的剧目，她准备的就是《敦煌乐鼓》。

一道苍凉的男声响起，一束黄光打在舞台中央，一名飞天造型的女子出现在舞台，将人们瞬间带回河西走廊……舞台中央的孟庆旸，以蹲坐的姿势，背对着观众。她右脚弯曲成小三角，右手修长的手指伸展成花朵状。随着充满西域风情的琵琶声响起，她的左手也慢慢展开。整个开场造型，孟庆旸始终背对着观众，却一下子将观众带入了神秘的境地。

接着，琵琶声加入了鼓声，孟庆旸转身面向观众，她的胸前有一面小鼓，和剧名不谋而合。她用右手轻扶左腿，左脚尖随着自然律动抬到了头顶。

年轻的孟庆旸脸上带着笑容，这是她在大型比赛中的首次亮相。

琵琶声渐急，舞蹈也进入了高潮。孟庆旸已经放松下来，跟着音乐进入佳境。转圈、舞动，甚至一个高难度抬脚后仰，她都出色完成了。

箫笛声、手风琴、二胡等乐器的加入，让节目的层次更为丰富，剧目进入下半部分。

意外发生了。

在连续的转圈加侧身翻等舞蹈动作中，孟庆旸右手服饰的飘带不小心缠到了她盘起的发髻上。接下来是接连的几个转圈动作，孟庆旸在站立间隙，试图借助右手甩开头上飘带，但无奈飘带仍然紧紧缠绕在发髻上。台下的观众和评委都看到了这个细节，孟庆旸还能顺利完成下面的动作吗？

一圈、两圈、三圈……随着孟庆旸舞蹈转圈，飘带和发髻缠绕得更紧了，甚至影响到了孟庆旸右手的抬手幅度，观众的心也揪得更紧了。

　　孟庆旸却没有着急，她以一个优美的定型动作，借助下蹲动作，终于将头上飘带解下。

　　没有受到过多影响，孟庆旸继续完成下面的动作。

　　"咚，咚，咚……"钟声起，表演顺利进入收尾部分，孟庆旸以站立飞天的姿态完成了最后的定格。

　　虽然是首次参赛，但对于孟庆旸一贯以来的表现，吴蕾是放心的。然而舞台上这个服饰的失误，让吴蕾的心一下子抽紧了。"因为服饰的问题，孟庆旸有一点点失误。"吴蕾说，"但孟庆旸没有被这个小插曲影响，继续完成了她的表演。这个细节，并没有影响她的心态和舞蹈呈现。我对她在舞台上的处理，很满意。"

　　最终，孟庆旸凭借舞蹈作品《敦煌乐鼓》获得第八届"桃李杯"舞蹈比赛古典舞组优秀表演奖。对于这个结果，孟庆旸有些不甘心。吴蕾说："相比参赛结果，过程也很重要，我对整个参赛过程很满意。""非常有光彩。"这是吴蕾对孟庆旸的评价。

　　一个优秀的舞者，天赋和后天努力缺一不可。技术的不足，后天可以努力。但舞者的天赋，却很难通过努力弥补。什么是舞者的天赋呢？在吴蕾看来，就是舞者在舞台上绽放出的光彩。当舞者出现在舞台上，人们的目光会不自觉地被这种光彩吸引。这种舞台上的光彩几乎可遇不可求，但吴蕾知道，孟庆旸有这种光彩。"我看重孟庆旸，她有种特别强的吸引力，这源于她本身具备的魅力。"吴蕾说。

　　孟庆旸却很谦虚，她坦言，当时对《敦煌乐鼓》并没有太多深入的理解，只觉得把姿势做优美了，把动作做到位了就行。"缺少叙述性、缺少故事性，主要凭借舞姿和技术。"

当时的她没有想到的是，在后来的专业舞蹈生涯中，她还将数次跳起敦煌舞，并与传统文化结下不解之缘，用舞蹈传承弘扬中华优秀传统文化。多年后，孟庆旸在CCTV-4中央广播电视总台中文国际频道环球综艺秀上跳起《飞天乐舞》，褪去了年少时的青涩，现在的孟庆旸举手投足间充满了自信，以一段极具意蕴和表现力的舞蹈，惊艳全场。

她也没有想到，她参与创作的《敦煌乐鼓》在日后将一次次被跳起，成为青少年古典舞的一支常见曲目。

孟庆旸知道，她不是技术型演员，却胜在综合实力较强。有天赋，也愿意吃苦，她是那种具备舞者必需条件的，也有敏锐美感的演员。"就像建造楼房，在白纸上找一个点，地基打好了就可以起高楼。"

考入北舞

在"桃李杯"比赛间隙，孟庆旸来到了北京舞蹈学院。这次偶然的闲逛，竟然令孟庆旸长时间魂牵梦绕。

前身为北京舞蹈学校的北京舞蹈学院，始建于1954年，1978年经国务院批准正式成立。这是中华人民共和国第一所专业舞蹈学校，也是中国唯一一所专门化的舞蹈教育高等学府。

当孟庆旸走入位于北京海淀区万寿寺路的北京舞蹈学院，只见不大的学校内，坐落着教学楼、宿舍楼、剧场等建筑。秋天，校园里银杏树枝繁叶茂，金黄一片，颇为好看。学校内，赶去练舞的、上文化课的学生穿梭而行，弥漫着浓浓的舞蹈艺术氛围。

孟庆旸在校园里边走边看，北京舞蹈学院的教学楼前矗立着旗杆，鲜艳的五星红旗迎风飘扬。旗杆前便是一方绿地，两边的绿树掩映着一块古朴的巨石。石头上刻着五个字：舞蹈家摇篮。石头下花团锦簇。孟庆旸默默地记下了这几个字。那一刻，她在心里对自己说："这就是我想上的学校。"

　　2007年，孟庆旸迎来了考大学的关键一年。在准备专业考试的时候，孟庆旸眼前总是不自觉地浮现出北京舞蹈学院的一草一木、一砖一瓦，会想起石头上"舞蹈家摇篮"这几个烫金的字，会想到自己默默许下的心愿。

　　梦想的实现却并非一帆风顺。

　　那一年，北京舞蹈学院、上海戏剧学院的中国古典舞系面向全国招收学生。孟庆旸准备的作品是《敦煌乐鼓》。这是为孟庆旸量身打造的作品，也是她参加"桃李杯"的作品，孟庆旸对此不仅准备起来驾轻就熟，还能在原本的基础上打磨出更好的结果。

前身是上海市立实验戏剧学校的上海戏剧学院，于1945年12月1日由著名戏剧家李健吾、黄佐临、顾毓琇、顾仲彝等创立，有表演、戏剧影视文学、戏剧影视美术设计、艺术管理、舞蹈表演、广播电视编导等专业。

上海戏剧学院的艺考率先开始。当孟庆旸走进上海戏剧学院的考场后，照例穿上表演服、准备热身，但她忽然觉得周围气氛有些奇怪。原来，在热身现场，她发现有两三个其他考生也穿着和她一样的衣服，她们表演的剧目也是《敦煌乐鼓》。其他考生看到孟庆旸，看到她们身上一模一样的衣服，和孟庆旸四目相对时，彼此脸上都有些微妙。

轮到孟庆旸了！她沉着地走进考场，考场的评委老师们见到她，相互会心一笑。孟庆旸听到一个评委老师笑着说："《敦煌乐鼓》的原版来了！"

上海戏剧学院考试结束后，孟庆旸马上投入了北京舞蹈学院的艺考准备中。

还没进入北京舞蹈学院的考试现场，孟庆旸就感觉到了压力。身材高挑、长相出众的女孩子，站满了一个教室。

初试是基本功大课，孟庆旸顺利通过了考试。

复试的剧目，孟庆旸选择的还是《敦煌乐鼓》。音乐起，孟庆旸开始随着音乐舞动、行云流水、一气呵成。

专业考试结束后，就是漫长的等待。

席凤梅特意来到北京，陪孟庆旸去看放榜。

结果，出乎意料，却也在意料之中。

孟庆旸清楚地记得那天的日期——2008年1月2日，孟庆旸在上海戏剧学院名列一榜第一，北京舞蹈学院名列一榜第七。北京舞蹈学院那年全国招收12人，其中一榜7人，二榜5人，这也意味着，孟庆旸是北京舞蹈学院一榜的最后一个。

虽然总体成绩不错，但面对心仪的北京舞蹈学院，没有考到第一，孟庆旸心里难免有些失落。就在这个时候，一个电话让孟庆旸的内心起了波澜。上海戏剧学院招生办的老师给孟庆旸打来了电话。因为孟庆旸出色的表演，上海戏剧学院经过讨论，如果孟庆旸选择上海戏剧学院，她可以不用高考直接进入学校。

一边是抛出橄榄枝的上海戏剧学院，一边是充满未知数的北京舞蹈学院，怎么选？

孟庆旸承认，自己的内心也开始动摇了。当时是2008年年初，距离高考还有几个月。对艺术生来说，文化考试他们并不那么擅长，如果达不到北京舞蹈学院的分数线怎么办？

孟庆旸询问了父母的意见。出乎意料的是，父母的意见也出现了不统一。

爸爸孟献东斩钉截铁地说："要上，就上全国最好的学校。"

妈妈席凤梅则认为，宁当鸡头不当凤尾，更何况上海戏剧学院也是很好的学校。

从小就很有主意的孟庆旸，这次也有些没主意了。

就在这天晚上，孟庆旸做了一个奇特的梦。这段似真似幻的梦中

奇遇让孟庆旸至今想起来仍觉得很神奇。

当时的孟庆旸还住在集体宿舍，她睡的是下铺，半夜她起床上了个厕所，回来后她又躺下睡觉。迷迷糊糊中，她梦到自己回到了念念不忘的北京舞蹈学院，走进了气派的学院大门。在梦中，她踮步来到刻着"舞蹈家摇篮"的石头下。那是个阳光灿烂的日子，她盯着石头下的一朵花，阳光照耀在花朵上，竟有些晃眼，好像周遭的一切都是真实的。孟庆旸着迷地看了一会儿，那朵花竟然缓缓开放，露出了花蕊。

也许是日有所思夜有所梦，上天又一次给了孟庆旸指引。醒来后的她不再犹豫，放弃上海戏剧学院的录取机会，全力以赴备考北京舞蹈学院。

在人生的十字路口，当有几条路摆在眼前的时候，孟庆旸选择了艰难的那一条路。就像唐僧取经要历经"九九八十一难"，那条艰难的道路也许会布满荆棘，充满未知，但也意味着更美妙的风景，更丰富的人生经历。而这些，都将成为人生宝贵的回忆，赋予人们不断前行的勇气。

北京舞蹈学院一榜7个人，她是最后一名。孟庆旸知道，她得努力补习文化课，才能进入北京舞蹈学院当年在全国招录12人的最终名单。

为了更好地学习文化课，她报名参加了首都师范大学的文化补习班。

补习班为期三个月，每天学习数学、语文、英语等学科。

和舞蹈相比，这一直不是孟庆旸的专长。回顾孟庆旸的文化课学习生涯，孟庆旸坦言在这方面还是有所缺失的。因为舞蹈专业成绩突出，孟庆旸从中国歌舞团艺术培训学校考入北京戏曲艺术职业学院，相当于从四年级直接升到初一。如果说，在舞蹈专业技能方面，孟庆旸可以凭借自己的天赋和后天的努力来弥补，那么在文化课方面，这种跳跃式的学习经历的确不利于知识的累积式学习。在北京戏曲艺术职业学院的学习中，孟庆旸也将大部分时间都放在学舞、比赛上，文化课成了她的短板。

在首师大高考补习班的三个月，孟庆旸几乎破釜沉舟，她说，当时也没有特别多的想法，就是好好学习，全力以赴。

在疯狂补习文化知识的过程中，孟庆旸也认识了一些同在补习班的同学。

6月7日，是一个对于中国家庭都有着特殊意义的日子。这一天，是普通高等学校招生全国统一考试的日子，也就是我们熟知的"高考"。每一年，数百万甚至是上千万的中国学生走入考场，参加高考。也许有人会对高考的公平性产生疑问，也许有人会设想更好的人才选拔机制，但不可否认的是，在现行条件下，高考很好地为国家选拔了人才。通过这个考试，莘莘学子获得了改变命运的机会，迎来人生的重大转折。

和其他高考生一样，孟庆旸准时参加了考试。她走入了位于北京海淀区的高考考场，参加了数学、英语、语文等科目的笔试。

出考场的那一刻，孟庆旸没有想象中的如释重负，也没有意料中的心潮澎湃。相反，她只感到一种平静。那是"结果固然重要，但过程和结果同样重要"的感悟，那是全力以赴后的问心无愧。

没过多时，高考成绩出炉，孟庆旸成绩超过了北京舞蹈学院的录取分数线，如愿进入北京舞蹈学院。她很快知道，同在补习班学习的好朋友们也都考上了心仪的学校。大家都奔向了美好的前程。

站上"C位"

2008年，北京舞蹈学院开学。孟庆旸正式成为北京舞蹈学院的大一新生。兴奋之情还洋溢在脸上，谁料，开学她就遭遇了一件"糗事"。

新生军训是大学生的开学第一课。新生军训时，当时的北京舞蹈学院院长李旭正在宣读新生名单，孟庆旸竟然晕倒了！

还没正式开始上学，就当着这么多学生的面晕倒。孟庆旸就这样哭笑不得地拉开了大学生涯的帷幕。

那一年，北京舞蹈学院中国古典舞表演专业一共在全国招收了12个学生，个个都是千中选一。作为一榜最后一名，孟庆旸难免有些忐忑。

北京舞蹈学院的"第一课"很快就来了。开学前一天晚上，学校安排晚自习。孟庆旸进入教室，12个女孩开始自我介绍，相互聊天。现场氛围很放松，孟庆旸却感受到了某种压力。同学们来自五湖四海，都毕业于优秀的中学。孟庆旸感觉，自己似乎什么都不是。

三四天之后，北京舞蹈学院老师魏云在教室"分把"。所谓的"分把"，就是安排教室里12个女孩的站位，每一个把杆代表一个女孩跳舞的位置。最中间的中把，自然属于女孩中跳的最好的那个。把杆的顺序不是固定不变的。大学四年内，学校老师会根据每个学生的成绩，随机调整把杆。

没有任何过渡，孟庆旸听到了魏云老师喊自己的名字。

"孟庆旸！"魏云指着最中间的中把说："在这里！"

这是教室最好的位置，意味着学校和老师对孟庆旸的认可，也意味着随之而来的动力和压力。

"到！"孟庆旸带着惶恐的心情，站到了中把。她深吸一口气，用手扶上把杆，开始了第一个动作。那是一个把杆组合动作，也是专业舞蹈课的基本动作，但孟庆旸做得特别认真。

孟庆旸在心里对自己说："既然我站在这里，这个位置我就不会让给别人。"

从那一天开始，孟庆旸在"中把位"站了4年。

孟庆旸知道，现在的她不是小时候的孟庆旸了，她对自己的实力有了更清晰的认识。以前有人说孟庆旸跳得好，孟庆旸会唯唯诺诺，回答说还要努力。而现在，当有人说孟庆旸跳得好，孟庆旸会谦虚道谢，然后坦然接受表扬。

"我不是随遇而安的人，我是有想法的人。机会在我面前，我一定要抓住。"孟庆旸说。

但同时，孟庆旸也清楚地明白，来到金字塔尖难，站在金字塔尖更难，这意味着要付出比别人更多的努力。

梦想的实现是需要汗水和积累的。四年的大学生活，孟庆旸几乎都是在排练房度过的。

很快，她等待的机会来了。

2008年，北京舞蹈学院创排的舞剧《兰陵王入阵曲》参加了当年全国"桃李杯"舞蹈大赛。《兰陵王入阵曲》是古代著名的歌舞戏，最早起源于北齐，盛于唐代，是为了歌颂兰陵王的战功和美德而创作的男子独舞。此次，北京舞蹈学院的主创为了凸显兰陵王的俊俏，创新性地将主角兰陵王演员换成女性，以突出角色的刚柔并济。

魏云老师推荐孟庆旸出演兰陵王。这表明她将代表北京舞蹈学院，再次参加全国"桃李杯"舞蹈大赛。

整支舞蹈需要由她和24个男演员协作完成，其难度可想而知。

孟庆旸没有犹豫，一头扎进了排练厅。白天有舞蹈学院的专业课和文化课，孟庆旸在上好专业课、文化课的同时，利用课余时间来排练。早上6点多，孟庆旸走进排练厅晨练。结束白天的专业课后，晚上7点半，她准时走进排练厅，和男演员们磨配合、练动作，直到10点多才拖着疲惫的身体回到宿舍。每天都是趁着澡堂关门前冲进去洗澡，然后在10点半熄灯前回到宿舍。

每个周末，孟庆旸也都泡在排练厅。

这样的排练持续了3—4个月。

孟庆旸解释着这个过程："舞蹈作品是一点点尝试、一点点磨合出来的。比如题材的选择，就需要很长时间。选定了题材后需要构思舞蹈动作、配合动作，磨动作、改动作、修动作、抠动作。艺无止境，好的舞蹈作品都是一遍遍磨出来的。直到登台演出后，还需要通过一场又一场演出来不断提升、呈现效果。"

为了配合演出，兰陵王这个角色需要演员穿着厚厚的铠甲。每次排练下来，孟庆旸全身都会被汗水浸透。

再次登上"桃李杯"的舞台，孟庆旸褪去了两年前第一次参加全国比赛时的青涩。和当初的自己相比，这一次孟庆旸显得更加从容。

"是真的不紧张。"孟庆旸说。这种从容来自日积月累的训练，来自经过反复练习后形成的肌肉记忆，来自"梅花香自苦寒来"的心态。"因为平时练到位了，心里有把握，所以不紧张。"孟庆旸说。

兰陵王因外貌俊美，为阵前震慑敌人，故做凶恶的面具戴之，战无不胜。

穿上盔甲、戴上面具的孟庆旸，女扮男装的孟庆旸，也迎来了自己的"一战"。战场上的兰陵王面对的是敌人，而孟庆旸面对的则是舞蹈艺术的进阶、超越自我的突破。

在舞剧的尾声，戴着面具的孟庆旸，站在男演员的肩膀上，顿有虎啸风生之势。她缓缓摘掉面具，露出俊俏的面庞。英姿勃发，风度翩翩。

孟庆旸演绎的兰陵王有气势、有力量，一招一式，英气十足，一拳一腿，势如破竹。

最终，孟庆旸领舞的《兰陵王入阵曲》获得第九届桃李杯舞蹈大赛"表演一等奖"。

那一年，孟庆旸16岁。

获得了"桃李杯"表演一等奖，这也算弥补了孟庆旸第一次参加"桃李杯"的遗憾，但孟庆旸还没来得及好好享受这份喜悦，很快又

图片来源：Oat杂志

投入了新的舞蹈创作中。

这个新的创排作品由魏云老师指导，北京舞蹈学院的青年教师欧思维担任编导，他们选中了孟庆旸担任独舞。

最早，他们想创排《红楼梦》题材，孟庆旸扮演黛玉的角色，但后来想法变了，欧思维和孟庆旸开始打磨全新的舞剧《鹊桥仙》。

"纤云弄巧，飞星传恨，银汉迢迢暗度。金风玉露一相逢，便胜却人间无数。柔情似水，佳期如梦，忍顾鹊桥归路！两情若是久长时，又岂在朝朝暮暮。"舞蹈《鹊桥仙》的灵感来自宋代秦观的《鹊桥仙·纤云弄巧》，这首词借牛郎织女悲欢离合的神话故事，歌颂了真挚、细腻、婉转的爱情。舞剧要展现的，也正是这种跌宕起伏、婉约蕴藉的爱情。

传统文化很美，但创作并表达传统文化精髓的过程是很难、很痛苦的。

欧思维和孟庆旸一点点排练舞蹈组合，孟庆旸又进入了熟悉的节奏，上完课后进入排练室。每个周六周日，孟庆旸、欧思维也都泡在排练室里。

这几乎一直是孟庆旸排练的节奏，不论是在中学还是大学，她都把主要精力放在舞蹈上。尽管上了大学有了更自由的时间安排，但孟庆旸还是把几乎所有的精力都放在舞蹈上。当同学们聚会、谈恋爱时，孟庆旸却选择默默排练舞蹈、细抠动作。

就这样，从大一到大四，孟庆旸几乎都是在排练厅度过的。北京舞蹈学院4楼的排练厅，是孟庆旸大学时期最熟悉的地方。

她至今仍清晰地记得排练室的样子，室内有一面镜子，地面铺着绿色地胶，有特别大的落地窗。每天，她一个人来到排练厅。在编导的指导下，她面对着镜子里的自己，开始排练动作。镜子里挥舞过她曼妙的舞姿，地胶上浸透过她挥洒的汗水，就是在这间教室，孟庆旸度过了大学生涯的日日夜夜。

孟庆旸独舞的《鹊桥仙》，先是参加了北京舞蹈学院学院杯舞蹈大赛。别看这是舞蹈学院的内部比赛，在舞蹈艺术的最高学府，这场一年一度的比赛，可谓"神仙打架"。

不负众望，《鹊桥仙》参加北京舞蹈学院学院杯舞蹈大赛，获得"表演一等奖"。

2009年，孟庆旸领衔主演的《鹊桥仙》参加了CCTV电视舞蹈大赛。

《鹊桥仙》的开场，孟庆旸用一块头巾遮住了面容，这块头巾也是舞蹈的重要道具，成为贯穿整个舞蹈、孟庆旸表达感情的外化和重要象征。

孟庆旸的演绎，有指染浮华的唯美，有百转千回的婉转，有欲说还休的情愫，将秦观词中的思念之情、缠绵之义，演绎得丝丝入扣。

《鹊桥仙》最终获得CCTV电视舞蹈大赛"十佳作品"荣誉称号。

孟庆旸说，当时年纪有些小，还不能完全领会秦观的词中之意，后来再回头看《鹊桥仙》，才明白词中的思念之情。那是一眼万年的深情，是一份抓不住的疼。孟庆旸形容道，《鹊桥仙》有一种疏离感，若即若离、似近似远。正是这样的疏离，产生了一种悲凉的美。"凄美、悲楚，却不可怜。这也要求演员的眼睛里，能呈现悲欢离合。"

多年后，孟庆旸在中央广播电视总台节目《舞蹈世界》里，再次跳起了《鹊桥仙》。舞蹈技巧和人生经历都更为成熟的孟庆旸，将自己人生的体悟、情感的体验、舞蹈的经验、技巧的层次，都融入了舞蹈之中。在唯美、婉转之外，将"爱而不得"的情感表现得淋漓尽致。

"文舞相融，德艺双馨"是北京舞蹈学院的校训，从踏入北京舞蹈学院时起，孟庆旸就一直以校训时刻要求自己。而她也用大学四年的努力和成绩，实践着"文舞相融"，追求着"德艺双馨"。

临近毕业，席凤梅来北京看孟庆旸。母女俩在北京舞蹈学院散步。看似平常的散步，却是母女多年来遗憾缺失的日常。

她们聊着家里的状况，聊着孟庆旸的大学生活，聊着孟庆旸的未来。

无意间，席凤梅问了孟庆旸一句："学了这么多年舞蹈，苦不苦？"

孟庆旸说了一句："学舞蹈，真苦。"

起先听到这句话的时候，席凤梅还有点诧异。孟庆旸学舞的十几年，无论是上舞蹈培训班还是专业舞蹈学校，她从来都没有喊苦喊累过。平时生活中，孟庆旸又报喜不报忧，学习、比赛没有怎么让他们操过心，作为母亲，席凤梅觉得孟庆旸学舞蹈，上舞蹈学院，比赛获奖都是顺理成章的。

但世界上哪有这么多顺理成章的事，背后的付出和煎熬都是孟庆旸在独自忍受。这么多年，席凤梅只听女儿说过一次跳舞辛苦。席凤梅不由有些鼻酸，她又感动，又心疼。她感动于女儿的懂事和成熟，又心疼女儿这么多年的忍耐和付出。

大学毕业后，孟庆旸的一个同学对孟庆旸说："大学四年，晚自习从没见过你。"

只有孟庆旸知道自己这四年大学晚自习都去哪了。她利用晚自习排练、利用周六周日排练、利用寒暑假排练，几乎把所有时间都用在排练上。

孟庆旸形容，大学四年是孤独的四年。她没有时间出去玩，没有时间出去聚餐，甚至没有时间好好休息。有时候，孟庆旸也会问，为什么大家都在享受生活，而我要去排练？也是在那个时候，她明白了，这些经历、这些付出，都是未来艺术道路的"勋章"。

舞蹈是美的艺术，而舞蹈创作过程是孤独、重复、枯燥的。不管是从前，还是现在、未来，孟庆旸都在以最大的努力，付出最多的精力，恭敬、赤诚地面对舞蹈这门艺术。

第三章

寻花

艺术是相通的，对艺术的欣赏不受国籍制约，也不受贫富制约。
舞者亦是行者，不喧哗，自有声。

——孟庆旸

从北京舞蹈学院毕业的孟庆旸，又面临着新的选择，她顺利进入了中国东方演艺集团，但新的生活节奏让她颇费了一番功夫才适应。

"香遍东园花一枝，寻花觅路忽成迷。"人生的道路走走停停，很快，孟庆旸找到了奋斗的方向。

在一场场演出、一次次下基层的经历中，她锤炼着艺术风格，积累演出经验，用自己的舞蹈为中华贡献着点滴文艺的力量。

等待那束光

2012年，即将从北京舞蹈学院毕业的孟庆旸，又来到了新的人生岔路口。中国歌剧舞剧院、中国东方演艺集团等几个国家院团，同时面向全国招收优秀的古典舞系毕业生。

中国东方演艺集团，成为她的首选。1962年1月13日组建的东方歌舞团，是在党和国家几代中央领导集体的亲切关怀下创建的新中国最负盛名的国家歌舞团。东方歌舞团把中国传统民族民间歌舞艺术和表现现代中国人民生活的音乐舞蹈作品介绍给国内外观众的同时，也把外国优秀的歌舞艺术介绍给中国人民，在相当一个时期，集中代表了我国音乐舞蹈艺术的最高成就，拥有李谷一、朱明瑛等一大批具有深厚艺术造诣、在国内外有着很大影响力的艺术家。2009年，东方歌舞团整体转企改制为中国东方演艺集团，定位为继承和弘扬中华民族音乐舞蹈艺术的优秀传统，吸收和借鉴世界各国音乐舞蹈艺术的精华。

孟庆旸向往着中国东方演艺集团厚重的艺术底蕴，也向往着自由的氛围、浓厚的艺术气息。孟献东、席凤梅也很支持孟庆旸，于是她决定报考中国东方演艺集团。

中国东方演艺集团的初试是考基本功和技巧组合，复试时孟庆旸跳了《鹊桥仙》。

不同于当初考北京舞蹈学院时的忐忑，这次孟庆旸很有底气，她心里觉得，她参加过比赛，肯定能被选上。

果然，不久后，孟庆旸就接到中国东方演艺集团的实习通知。通过实习期后，孟庆旸顺利留在了中国东方演艺集团东方歌舞团。

就这样，声名在外、历史悠久的国家级艺术院团，向孟庆旸敞开了怀抱。

新的生活，向孟庆旸徐徐展开。

孟庆旸刚进入院团不久，就感到了不适应。

作为中国东方演艺集团的新人，孟庆旸除了完成演出任务，有了很多自己的时间。从在学校天天排练的紧张节奏，进入院团相对宽松的氛围，孟庆旸忽然有些不适应。孟庆旸形容那个时候的自己"有些迷茫，不知道会闲到哪个时候，担心会荒废专业，所以也在摸索着寻找未来的方向"。

孟庆旸跟妈妈席凤梅诉说了苦恼。

席凤梅对孟庆旸说："人生就是这样的，走一走，停一停，停下来的时候看看路边的风景，欣赏够了再继续前行。"

席凤梅云淡风轻的一番话，点醒了孟庆旸。

孟庆旸说，那段时间是她跟自己沟通的时间。

是的，人生的风景在路上，每一段路程都有着不同的景色，每一

段经历都是宝贵的人生回忆。

闲下来的时光，要做的是积蓄力量，做好准备，等待机会来临。

孟庆旸很快找到了属于自己的那束光。

凭借出色的能力、脚踏实地的努力，不到一年半的时间，孟庆旸就跳到了领舞的位置，并在一系列演出中崭露头角。她在华人华侨春节联欢晚会中担任领舞，在第二届夏季青年奥林匹克运动会闭幕式节目《五洲欢聚》中担任领舞，在反法西斯抗日战争70周年大型文艺晚会节目《游击队之歌》担任领舞，在河南省春节联欢晚会中《丝路霓裳》担任领舞，在中央电视台中秋晚会中担任《在水一方》《我愿意》领舞……在一场场晚会、一次次艺术交流中，孟庆旸增长着舞台经验，锤炼着舞蹈技巧。

《兰花花》是中国东方演艺集团艺术史上首部民族舞剧。这一新的突破，不仅填补了中国东方演艺集团艺术发展史的空白，更拓宽了艺术创作视野。孟庆旸幸运地担任了《兰花花》女一号"兰花花"的角色。

"青线线的那个蓝线线，蓝个英英的彩，生下一个兰花花……"陕北民间传唱着这样一支民歌，歌颂独立又自由的姑娘，为了追求爱情，不惜付出自己的生命。

舞剧《兰花花》的故事，就从陕北高原群山深处的村庄里展开。舞剧《兰花花》讲述了封建时代一位陕北农村女性为了追求爱与自由拼上性命与封建礼教抗争的故事。剧中，兰花花与杨五娃相互爱恋、情深意笃，但在一次新春社火上，兰花花被大地主周老财看上，想让她嫁给自己尚未成年的幼子做儿媳。在媒婆的花言巧语和金钱彩礼的

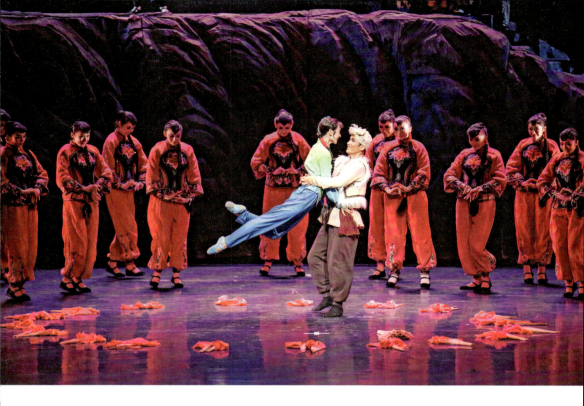

诱惑下，兰花花的父亲居然同意了这桩婚事。婚礼庆典上，满腔怒火的杨五娃与周老财发生了激烈冲突。混乱中，周老财失手打死了自己的爱子。丧心病狂的周老财欲让兰花花和自己的儿子结为冥婚，由此演绎了一出震撼人心、催人泪下的人间悲剧。

《兰花花》的剧情跌宕起伏，对孟庆旸塑造人物的能力提出了很高的要求。孟庆旸坦言，在理解、塑造和最终呈现兰花花这一角色的过程中，她遇到了很大困难。"兰花花有着对爱情真挚的追求，有着对旧时代的抗争，但在这样坚韧顽强的外表下，她也会有情绪的崩溃，是个非常立体的人物。"为此，孟庆旸看了很多电视剧、电影，通过其他艺术形式汲取营养，不断锤炼自己的表演技巧。为了塑造好人物，孟庆旸把自己想象成"兰花花"。"我会想象兰花花怎么睡觉，怎

么吃饭，遇到事情会说什么。我常常把角色带入生活中。"孟庆旸说。

　　而剧中人物情感、剧情节奏强烈的跌宕起伏，也是对孟庆旸体力和精力的巨大消耗。演出《兰花花》时，孟庆旸早早来到剧场，晚上7点30分正式演出，孟庆旸往往7点就化完妆坐在化妆间，安静地等待进入角色。孟庆旸说："演出《兰花花》前，我一般都不多说一句话，一点精力都不想浪费。"

　　舞剧《兰花花》的海报，是兰花花的一滴眼泪。穿着红色新娘服装的孟庆旸，在红色头纱的掩饰下，露出半张脸庞，落下眼泪。这也暗示了兰花花的命运，出嫁的那一刻是她最美的时刻也是最壮烈的时刻。舞剧《兰花花》将民族舞剧和交响乐融合，以老年杨五娃的回忆为主线，全剧分为"相恋""美梦""闹婚""绝恋"四场。苍凉高亢的信天游、奔腾豪迈的安塞腰鼓、潇洒跃动的陕北秧歌,舞剧《兰花花》成功融合了传统和当下的艺术形式,获得了巨大成功。

等到整场舞剧表演结束,孟庆旸往往已经筋疲力尽,但孟庆旸非但不觉得辛苦,反而爱上了这种情感体验:"兰花花让我理解并深度感受了舞蹈语汇中的情与爱、挣扎与痛苦。在突破自己的同时,兰花花也扎根在了我心中。"

每当谢幕的时候,孟庆旸都觉得人生阅历又丰富了一大截。孟庆旸认为,《兰花花》是让她成长最大的舞剧,这种成长,不是指她仅仅完成了这个舞剧的表演任务,而是指她真正学会了进入角色、移情角色,通过全身心的、专业性的投入,创造丰富了一个角色。

中国戏剧文学学会常务副会长梧桐评价:"舞剧《兰花花》舞美、灯光、编舞品质不俗。音乐质感堪为当下舞剧的榜样,无论作曲、配乐,还是西乐和民乐的交融,均完整而圆满,尤其是录音,饱满、生动,有细节、有层次,听起来十分悦耳。"2018年,舞剧《兰花花》获得了第五届丝绸之路国际艺术节"丝路贡献奖"。

也是在2018年,中国东方演艺集团推出了重点原创剧目——舞·乐《中国故事 十二生肖》。孟庆旸被选为主要演员,在《十二生肖》中的《酉鸡出辰》篇章担任独舞。

《十二生肖》由中国东方演艺集团编导沈晨担任导演。沈晨介绍,剧目灵感源于春晚节目《万马奔腾》。《十二生肖》顾名思义,即将舞剧分为四幕十二个节目展现十二生肖,从盘古开天辟地般的拓荒牛之态,到秦汉的猛虎之威;从魏晋风骨的未羊隐逸之形,到大唐巳蛇汇川的包容之姿……舞剧以每个生肖动物的性格气质,对应各大历史年

代的风格气质，通过对十二生肖这一中华文化符号进行深层解读，来弘扬中华优秀传统文化。

孟庆旸担任独舞的片段《酉鸡出辰》是其中一段高难度表演，包含长达2分30秒的单脚独立舞蹈。在舞剧中，孟庆旸需要在一张小方桌上完成所有表演，这对舞者的体能、技能都提出了极高的要求。按照舞台设计，舞蹈过程中聚光灯只会聚焦于她一人，强烈的对比光会让周遭呈现出漆黑一片。为了尽快地适应状态，孟庆旸在训练室没日没夜地练习，排练厅关灯后，她回到家里，又闭上眼睛在桌子上继续练。

"武距文冠五色翎，一声啼散满天星。"在《十二生肖》舞台上，

一袭彩衣的孟庆旸一出场，就吸引了观众的目光。只见高台上的她轻盈地抬高一条腿，全程用另一条腿支撑，稳稳地完成了所有单腿独立动作。孟庆旸翩翩起舞，惟妙惟肖地展现着"酉鸡出辰"。动静之间、呼吸之瞬，孟庆旸振羽成凤、漫天彩翼。这是中华民族的生肖文化生动演绎，也是中国文脉的源远传承。

灯光亮起，照在孟庆旸身上，舞台上的她闪闪发光，此刻，她是孟庆旸，也不再是孟庆旸，她和剧中的角色融为了一体。

孟庆旸坦言，单腿来完成舞蹈，是非常难的。"这是我与角色磨合时间最长的一个作品。所以我很珍惜这部舞剧，又一次提升了我的能力，我在舞台上的稳定性、表演的技术性上也有了很大突破。"

演到广袤大地

"东方歌舞团就像一个大家庭，非常温暖，我们每天都在排练厅，就像在'家'生活一样。"在接受中央广播电视总台综艺频道电视节目《舞蹈世界》专访时，孟庆旸说："中国东方演艺集团见证我的成长，它帮助我追求梦想，在艺术道路上不断超越自己的目标。"

这不是一句客套话。

在中国东方演艺集团，孟庆旸每年除了参与大型演出、国事访问演出任务，还会积极参加下基层慰问演出，参与"高雅艺术进校园""'三下乡'慰问演出""中国酒泉卫星发射基地慰问演出""珍宝岛慰问演出"等融入百姓生活的演出。

孟庆旸是城市长大的孩子，父母也尽力给她创造好的物质条件。她说，自己平时很少见到真正的农村，但等到亲身来到基层，才知道什么是城乡的文化差异。这些年走基层的经历，让她有了深入了解祖国大地的机会。她走进混杂着猪粪、牛粪气味的田间地头，走进黄沙漫天的戈壁沙滩，她才真正了解了祖国大地的不同风貌、各个民族的不同风情、不同家庭的实际情况。

女孩子都爱美、爱干净，一开始来到土墙土瓦、鸡鸣狗吠的乡村，她难免有些不适应。有一次，连续的演出让孟庆旸有些身体不适。孟庆旸忍不住给席凤梅发信息，带了点抱怨的情绪。

"妈，天气这么冷，我们还要在室外演出。"

孟庆旸本以为，席凤梅会和以前一样，顺着自己的牢骚安抚她的情绪。

但这次，过了好一会儿，席凤梅才给孟庆旸回信。

席凤梅郑重地写道："这些观众，可能这辈子都没有机会看一场艺术演出。正因为他们没有机会看演出，所以你更要好好跳。"

孟庆旸看到席凤梅的话，不由有些羞愧。

从那之后，无论演出条件是舒适还是简陋，无论身体状态是良好还是一般，每一场下基层演出，她都认真对待、全力以赴。

这些年下基层的经历，让她感受到祖国的日新月异。以前在农村演出，孟庆旸和演员们主要跳国外舞蹈，向观众介绍国外优秀艺术形式。这几年，他们到农村演出会呈现更多中外融合的节目，既挖掘中国优秀传统文化艺术，又推荐国外优秀舞蹈艺术。

这样的改变，适应了当地观众对中外文艺的需求，也唤起了更多人对本民族文化的自豪，这又何尝不是文化自信的体现。

2020年，中国如期完成了新时代脱贫攻坚目标任务，近1亿贫困人口实现脱贫。当孟庆旸再次来到农村，切身感受到了农村基础硬件条件的改善，道路从土路变成了水泥路，住房也从茅草屋变成了楼房。这些都是国家进步发展、人民生活改善的一个侧影，而孟庆旸也用自己的舞蹈、自己的艺术，为国家发展贡献着点滴文艺的力量。

这些经历历练了孟庆旸，让她和观众有了更多"面对面"的机会，了解人们真实的文化需求，也让她积累了更为深厚的演出经验，获得了更为广阔的文艺生命维度。

令她至今记忆犹新的一次经历，是在中国酒泉卫星发射基地的时候，中国东方演艺集团在点号（酒泉卫星发射中心铁路沿途的铁道管理站）为一名巡道小战士演出。

这是一场不在计划中的演出。

中国东方演艺集团在奔赴酒泉卫星发射基地演出的途中，坐车经过一片荒芜的沙地。

车子经过一个点号，演员们远远地看到一名边巡小战士走来。

长路漫漫，车途劳顿。当时中国东方演艺集团党委书记宋官林带着演员们，停车休息。演员们下车和这位小战士聊天。

小战士看着有些稚嫩，脸却被晒得黝黑。

演员们问："你在这做什么？"

战士回答："巡……逻。"

小战士一说话，演员们惊讶地面面相觑。原来，他们发现小战士口齿不清，说话说不清楚。

在交谈中，他们得知，这是一名90后小战士，他已经在站点巡逻工作七八年了。

大家一下子陷入了沉默，他们心里知道，小战士太久不说话，口语能力竟然已经退化了。

孟庆旸看着这个和她同龄的小战士，感慨万千。"人活在世界上，很多事情不由得你乐意或者不乐意去做。有些事情，就需要有人坚守。"孟庆旸说。

宋官林当场倡议，给小战士临时加一场演出。

这是一场特殊的演出。没有台本、没有排练，演员们很快开始行动，他们简单商量后，为小战士一个人，上演了一场临时却专业的演出。

节目由中国东方演艺集团的歌唱家崔京浩老师献歌，孟庆旸和三四个舞蹈演员伴舞。

没有明亮的灯光，没有专业的舞台，天空是他们的幕布，黄沙是他们的背景，脚下的大地就是他们的舞台。

孟庆旸觉得，正是这些年不经意间碰到的一些人、一些事，构成了她生命的底色。"让你知道世界这么大，让你明白坚守的意义。"

在中国东方演艺集团，孟庆旸迎来了人生的一件大事——加入中国共产党。

2018年，孟庆旸作为中国东方演艺集团的演员代表参加了文化和旅游部的分享会——"习近平总书记给牛犇同志的一封信"。

习近平总书记于2018年6月25日给新近入党的电影表演艺术家牛犇写信，勉励他发挥好党员先锋模范作用，继续在从艺做人上为广大文艺工作者作出表率。文化系统迅速开展了学习总书记精神的分享会。在分享会后，孟庆旸第一时间递交了入党申请书，并以一名党员的标准来严格要求自己。

"我志愿加入中国共产党，拥护党的纲领，遵守党的章程，履行党员义务，执行党的决定，严守党的纪律，保守党的秘密……"结束了预备党员考核，在鲜艳的党旗下，孟庆旸庄严宣誓。她说，身为一名党员，要严格遵守党的各项规章制度，要做好示范，乐于助人。

在中国东方演艺集团，孟庆旸还迎来了人生的重要阶段。25岁时，她遇到了携手同行的爱人。

孟庆旸说："我的情感很顺畅，没有什么特别。"他们相识半年就订了婚，一年后就携手步入了婚姻的殿堂。

孟庆旸说，安全感，她自己就能给予自己。和对方待在一起，她觉得很快乐。他们是彼此独立的个体，也是相濡以沫的夫妻。

丈夫的聪明、上进，也激励着孟庆旸。用孟庆旸的话说，他每做一件事情都会竭尽全力。他也影响着孟庆旸不断去突破自我、不断去学习创新。

家里养了一条狗，叫作开心。如果要给事业、爱情、友情排个序，孟庆旸说她会把事业放在第一，然后是家庭、朋友，最后是自己。

他们一起进步、一起打拼，是夫妻、是家人，也是相知相行的朋友。这是孟庆旸理想中的爱情的模样。

带伤上阵

2015年央视春晚，中国东方演艺集团向中央电视台推荐了节目《丝路霓裳》。

《丝路霓裳》以"一带一路"倡议为创作背景，展示了丝绸之路沿线国家的异域风情，用舞蹈再现了现实中的"丝绸之路"。舞剧由苑飞雪作曲，沈晨、李铭佳、枫叶兰娜、刘翠担任编导，孟庆旸、刘婕、沈柠担任领舞。同时，孟庆旸也成为56个民族创意服装秀《大地春晖》的主演。年仅23岁的孟庆旸第一次登上春晚，就同时担纲《丝路霓裳》和《大地春晖》两支节目的主演。对年轻的孟庆旸说，职业生涯刚开始，就来到了高峰。

但生活就是这样，你永远不知道下一个路口等待你的是什么。

每年春晚都要经过无数次大大小小的彩排。两个节目的转换，连日的劳累，让孟庆旸有些招架不住了。

这是距离正式春晚仅剩不到一个月的一次彩排。和任何一次排练一样，孟庆旸在做舞蹈前的热身，但有些不一样的是，孟庆旸感知到了身体的疲惫。

轮到孟庆旸上场了！《丝路霓裳》由几种舞蹈拼合而成，孟庆旸展示中国敦煌舞部分，作为压轴出场。舞蹈过程中，孟庆旸心里忽然有了一种不好的预感。这是舞者经过长期专业训练后对肢体功能失控的一种察觉，这也是筋疲力尽的身体对孟庆旸传递的信号。果然，在一个平时做起来很轻松的动作中，孟庆旸不小心崴到了脚。

当下孟庆旸就走不动路了。

彩排场地在河北保定，孟庆旸拖着肿大的脚，前往北京的医院就诊。

到医院一查，结果显示右腿韧带断裂。

闻知此事，妈妈席凤梅也赶到了北京。她们找到运动医学科医生咨询专业意见。

孟庆旸问医生："我还能上春晚吗？"

医生说："上春晚？你想什么呢。"

摆在孟庆旸面前的有两个方案。一是用手术接上韧带，但需要卧床静养，安稳度过恢复期；二是让韧带自然生长，这个过程大概会持续两周左右，还要避免韧带再次断裂。

春晚的每一个节目都需要精细打磨。最终呈现在舞台上的节目可能只有短短几分钟，但背后仍然是无数次的彩排，无数演职人员的付出。除了领衔《丝路霓裳》的舞蹈，孟庆旸还担任了《大地春晖》的主演，可谓任务繁重。在这种情况下，医生并不建议孟庆旸再上春晚。

一名舞者的成长成才并不容易，对当年只有23岁的孟庆旸来说，职业生涯正处于上升期，以后还有很多机会。但孟庆旸知道，春晚的舞台不仅是展示舞者的一个平台，她身上也寄托着中国东方演艺集团的殷殷希望，凝聚了无数演职人员的心血。

综合评估了自身状况后，孟庆旸做出了选择——坚持。考虑到手术的漫长恢复期，孟庆旸选择了第二个方案，让韧带自然生长。

央视春晚需经过一轮轮严格的审查，大概分为一审、二审、终审。每一次审查，每个节目会面临被淘汰的概率。孟庆旸穿着厚厚的雪地靴，参加了一次次排练。那年春晚总导演是哈文，作为女导演，哈文执导的春晚较以往多了女性独特的细腻。对待彩排，孟庆旸更是不敢马虎，韧带还没长好，脚不能动，孟庆旸就穿着演出服，用手势和表演演绎。

于是，彩排中，人们看到这样一幕不常看到的场景。孟庆旸站在原地，节目编导沈晨在一边跟哈文解释："这个时候，这个女孩（指孟庆旸）会做这样的动作。"

幸运的是孟庆旸尚且年轻，身体自愈能力好，也或许是孟庆旸的诚心起了作用，孟庆旸的韧带恢复得比想象中还要快。

除夕夜很快来到了，《2015年中央电视台春节联欢晚会》拉开了大幕。晚会以"家和万事兴"为主题，以"吉祥过大年""团圆话家常""家和万事兴""中华全家福"四个节目群的结构方式，与全世界的中华儿女共同分享一年来的国兴盛世、家有喜事，同电视机前的观众一起讲中国故事、展中国精神、共度中国年。

《丝路霓裳》作为春晚第16个节目登场。舞剧通过中国、埃及、意大利、俄罗斯、印度、缅甸等国家的传统舞蹈，展示了"一带一路"沿线的风情。正如主持人康辉所说，世界上有无数条路，但没有一条像它（丝绸之路）那样，承载着千年历史，编织着四方文明，曾经让中国的汉唐盛世焕发出丝绸般耀眼的光彩，并延续至今。"如今它成为新的战略构想，一带一路，再次把沿途各国的人们联系在一起，共促和平安宁，共圆振兴之梦，续写'五星出东方'的灿烂辉煌。"

在康辉慷慨激昂的介绍中，《丝路霓裳》正式登场。

第一个埃及舞形象取材于古埃及浮雕壁画，运用胯部的肢体语言，充分展示了女性魅力和异域风情，着重体现了埃及文化的古老和魅力。紧接着上演的意大利舞，采用西方高贵的宫廷式舞蹈风格，以意大利古典雕塑质感的礼仪性舞姿，展示罗马文化的特色。俄罗斯舞选段以俄罗斯传统舞蹈风格奔跑、跳跃、快速旋转为特色基础，通过脚下步伐律动的变化和高难度技巧，展现了昂扬向上的精神风貌。印度舞取材于古印度神庙神像，选取印度传统古典舞中卡塔克、婆罗多、奥蒂西三种流派的舞蹈语汇，强调手、眼、脚的独特身体表达，突出了印度文化的深厚韵味。缅甸舞选取缅甸古典戏曲舞蹈中具有代表性的"傀儡步""傀儡爬跳"等动作元素，传递了佛国缅甸的浓郁文化气息。

"大漠孤烟直，长河落日圆"，场景转换，舞台大屏幕中出现了沙漠、骆驼的场景，孟庆旸压轴登场。由她领衔的敦煌舞，起源自古代敦煌壁画，秉承了中国传统美学特征，是中国古典舞体系的重要门类，其中以"反弹琵琶"的舞姿最为著名。这既是盛唐文化的永恒符号，也是中国数千年历史文化的有力见证。

孟庆旸一出场，欢乐、热闹的舞台忽然安静了下来，音乐也变得

婉转悠长。她身着一袭黄色的传统服饰，发髻高高盘起。她的服饰和头饰都出自敦煌壁画的原型，呈现了深厚的中国文化底蕴。只见她单脚独立，手持琵琶在脑后，离地的右脚轻抬伸直又缓缓回落。一抬一落间，舞姿优美、充满神韵。右脚落、左脚起，只见孟庆旸换受伤的右脚撑住地面，左脚举过头顶，显示出超强的控制力。孟庆旸反弹琵琶的手形，在不时变幻，灵动婉转，妖娆妩媚，却又无声无息，颇有此时无声胜有声之妙。在花团锦簇的背景下，孟庆旸优雅地转着圈，身上的飘带、腰间的裙摆和她一起翩翩起舞，美不胜收。

这一整段舞蹈热烈、华丽、大气，舞姿定格的瞬间，如潮的掌声向表演者们涌来。孟庆旸还没来得及松口气，就投入了下一个节目的准备中。

　　紧接着，在29个节目《大地春晖》中，孟庆旸又压轴出场。如果说《丝路霓裳》展现了异国舞蹈艺术之美，那么《大地春晖》则尽显中华56个民族的风情。少数民族的服饰、舞蹈、文化在节目中得到了很好的贯穿和呈现。壮族、藏族、蒙古族、朝鲜族……56个民族接连登场。节目中，在《好一朵茉莉花》的民乐变奏曲中，孟庆旸乘着升降机从舞台中央缓缓升起。象征着56个民族的各位舞蹈演员，朝中间聚拢形成花团锦簇状。

　　孟庆旸，就出现在花朵正中央的"花蕊"位置。

　　因为还没有完全恢复好，在节目中，孟庆旸原地不动完成了所有演绎。除了身边的人，没有人知道，她的这次春晚表演，是赌上了被舞者视为生命的那条韧带。孟庆旸用出彩的表现和顽强的意志，在万众瞩目的全国舞台上，留下了属于她的熠熠光芒。

　　就这样，孟庆旸创纪录地以两个节目的主演身份，顺利完成了她的第一次春晚之旅。登上春晚后，孟庆旸也小小火了一把，凭借在《丝路霓裳》的表现，她出了一次"圈"，受到了舞蹈界之外的关注。同年5月，孟庆旸应邀参加了湖南卫视《天天向上》节目。在节目中，孟庆旸展示了一段更完整的敦煌舞，艳惊四座。被主持人天天兄弟称为"中国美女"。

　　谈及受伤经历，孟庆旸云淡风轻地说："伤痛是舞者不可分割的一部分，我们都能克服。因为舞者永远会把自己最好那一面展现给观众，伤痛永远是隐藏起来留给自己的。"

　　但对精益求精的孟庆旸来说，春晚前受伤，未能展现自己最好的状态，她的心中还是留下了遗憾。她暗暗下定决心，如果有下一次表演机会，她一定要拿出完美的答卷，来弥补这次的遗憾。

好一朵"茉莉"

"我叫孟庆旸，今年27岁，是中国东方歌舞团的一名舞者。"

2019年，孟庆旸应邀参加了综艺节目《舞蹈风暴》。这档湖南卫视节目中心推出的青年舞者竞技秀节目，从国内外专业艺术院校、院团、舞蹈工作室中挑选出优秀的、具有代表性的舞者进入电视甄选，遴选领衔中国舞蹈新力量的舞者。值得一提的是，《舞蹈风暴》还引入了"风暴时刻"的新环节，利用视频技术手段定格舞者肢体构成的瞬间姿态。摄制组启用了128台摄像机，定格舞者舞蹈中的精彩一刻，让观众可以通过360度实时观测的方式，欣赏舞蹈之美。《舞蹈风暴》第一季一经播出便迅速点燃了人们对舞蹈的热情，引发了舞剧"破圈"。

孟庆旸在节目开始前热身时，主持人何炅连连感叹："她连热身都这么美！""我都不忍打断（热身）。"

紧接着，何炅问孟庆旸："这次会跳什么舞？"

孟庆旸回答："这次跳中国东方歌舞团音舞诗画《十二生肖》的片段。"

图片来源：舞蹈风暴

《十二生肖》的片段《酉鸡出辰》是一段高难度表演。参加综艺节目录制，孟庆旸本可以选择更简单的舞蹈片段。但她认真要强的性格决定了她不会这样做。对她来说，既然要做就要做到最好。

节目开场，孟庆旸着一身淡蓝色的羽毛舞裙现身舞台中央，她深深地俯身，摆成酉鸡的造型。

音乐响起，孟庆旸单脚站立，随着音乐翩翩起舞。

同来参赛的舞者看完孟庆旸的表演，不由说："她站在原地就打败了所有人。"

嘉宾刘宪华第一个给出晋级票，他说："你在一开头，就打动我了。"

但在节目中，孟庆旸的一个动作失误，也难逃评委严厉的目光。在片段最后，孟庆旸脚底细微晃动了一下，引起了国际知名舞蹈编导沈伟的注意。在点评中，沈伟说："首先我要肯定你的控制力，但在最后还是没有控制好。在这么短时间内，你确定用这么多动作，你的考虑还是危险的。我（对你的）期待很多，希望你继续努力。"

孟庆旸的"舞蹈风暴时刻"，定格在单脚站立、双手伸展的那个瞬间，恰如一只风姿卓然、昂首挺立的酉鸡，在场嘉宾连连感叹："很震撼！"

舞蹈家沈培艺给了孟庆旸一票："当一个舞蹈演员敢于在舞台中央，以单腿作为重心（跳舞），要知道这样的高难度动作，需要演员在台下持续不断的刻苦努力，才能达到这种稳固的重心，这说明演员在下面做了很多努力，所以这一杆，推给你的努力。"

舞蹈制作人扬扬也选择支持孟庆旸："这么漂亮的脸蛋，这么好

图片来源：舞蹈风暴

的条件，她真的有好好练功。"

最终，孟庆旸获得三票，顺利晋级。

在第二阶段斗舞环节，孟庆旸和另一名年轻的舞者进行了比拼。

也是在那个时候，孟庆旸对何炅说，她非常羡慕年轻舞者，在这么小年纪就遇到了这么好的节目，这是孟庆旸早年上学间梦寐以求的事。

孟庆旸会以什么舞蹈迎战呢？

谁也不曾想到，孟庆旸脱下了舞鞋，选择光脚出战。她换上一身黑色西服短裤，一改以往传统、温婉、大气的形象，以帅气的形象出现在了电视屏幕中。

图片来源：舞蹈风暴

一曲当代舞《安娜》，孟庆旸彻底颠覆了以往的自己。

舞台上，孟庆旸的表演帅气、利落，飒气的女性美震住了全场观众。

在见证官投票时，两个人获得了平票，于是现场启动了观众投票，最终孟庆旸以6票优势赢得了比赛。

《舞蹈风暴》的比赛继续进行，孟庆旸却因为受伤等原因，遗憾退出了节目。

孟庆旸在微博中写道："参加《舞蹈风暴》一趟收获满满，因受伤很遗憾地选择暂别风暴舞台。《舞蹈风暴》使更多观众了解'舞者'，感受舞蹈的魅力所在。短短的相遇，感谢《舞蹈风暴》的导演及所有工作人员，感谢舞者朋友们，再多的不舍但旅行已到站，我会继续活跃在舞台，祝福大家，祝福《舞蹈风暴》！"

"旅行已到站"，孟庆旸淡出了观众的视野，和孟庆旸较量的年轻舞者，却在复活赛时强势回归。节目也很快将目光聚焦在了年轻选手身上。

《舞蹈风暴》播出后，不少舞者"出圈"。很多观众为孟庆旸的中途离去感到可惜，孟庆旸却云淡风轻，对她来说，这趟综艺之旅让她收获了认可和友谊，虽有遗憾，但绝没有后悔。

除了专业的舞蹈竞技节目，孟庆旸还参加了中央广播电视总台文博探索节目《国家宝藏》的录制。《国家宝藏》采用"综艺+剧场"的新形式，来展示文物的"前世今生"，尝试在文物与人之间建立联系，拉近当代人与历史文物的距离。节目播出后轰动了全国，好评如潮。2021年，在《国家宝藏》新春特别节目国宝音乐会中，孟庆旸和同事殷硕，一起担任了宁夏"胡旋舞石刻墓门"国宝守护人。

胡旋舞石刻墓门，是1985年在宁夏盐池苏步井乡一座唐代墓葬中发掘出土的，如今陈列于宁夏博物馆。胡旋舞是西域旋转性舞种，从文献记载看，大约在北周时期通过丝绸之路传入中原，到了唐代成为盛行的舞蹈。但随着岁月的流转，胡旋舞已经失传。胡旋舞石刻墓门的发掘，为复原胡旋舞的跳法提供了思路。

这件出自宁夏博物馆的"国宝"文物——胡旋舞石刻墓门，石门两扇门面分别浅雕了一个"胡旋舞"舞伎。只见舞伎身着圆领紧身窄袖衫，下着紧腿裙，足登长筒皮靴，站立在一块编织精美的小圆毯上。

图片来源：中央广播电视总台

细细观察揣摩这件文物，孟庆旸似乎摸到了跳胡旋舞的"钥匙"。从舞伎的造型中，她获得了很多启示。胡旋舞讲究节奏快、旋律快、转圈急，胡旋舞并非脚尖着地，而是前脚掌着地，双手上举，身体略有弯曲，便于快速旋转。领悟及此，她无意中意识到，原来历史中失传的艺术，可借由当时记录了片刻光影的历史文物和当代艺术家的演绎，重新焕发生机。

在节目中，孟庆旸和殷硕穿越时空，带来了1 400多年前丝绸之路上的胡旋舞姿，让曾经名动长安的胡旋舞再次呈现在观众面前，美不胜收。

也是在2021年，孟庆旸再次出现在了中央广播电视总台春晚舞台之上。

"一年之计在于春。春天的美啊，美在生命的萌芽，美在希望的迸发。因此，我们把青春这个最美的词语，赋予了人生最好的年华。""春天即将来临，祝愿所有年轻的朋友，在阵阵春雷、潇潇春雨中，身披彩翼，放飞理想。""朋友们，接下来，我们要一起赏花了，美丽的舞者化身作一朵朵清丽的茉莉花，为我们展现属于东方的人文、自然之美。"在中央广播电视总台主持人龙洋、张韬、尼格买提等人的介绍中，孟庆旸领衔主演的舞蹈《茉莉》再登央视春晚舞台。

舞蹈《茉莉》曾以《茉莉花开》的名字在央视综艺频道播出过。2014年，舞蹈《茉莉花开》在2014年北京APEC峰会文艺演出开场表演中亮相，赢得了诸多中外人士称赞。这次央视春晚的《茉莉》，是《茉莉花开》的升级版。

《茉莉》甫一开场，就给观众留下了深刻的印象。一排印有茉莉花图案的油纸伞丛中，孟庆旸等演员们背对着观众缓缓出现。在花伞丛中，她们的手势千变万化，仿佛化身为一朵朵茉莉花。

"茉莉花"丛中的孟庆旸，婀婀娜娜、风姿绰约。

只见她身穿素净典雅的绿色渐变舞裙，长长的辫子扎在身后，手中拿着一把伞，伞面绣着一朵盛开的茉莉花，婉约柔媚。

伴随着中国观众耳熟能详的《茉莉花》音乐变奏，《茉莉》的舞蹈段落缓缓展开。或缓或疾，舞姿蹁跹，令人目不暇接。

起舞、举伞、转圈，孟庆旸稳稳的台风、清新素雅的造型、灵动美丽的舞蹈，折服了观众。

来到舞剧的中段，孟庆旸和演员们的舞姿也出现了变化，她们手持伞的边缘，带动伞轻轻转动，仿佛化身为一朵朵风中摇曳生姿的茉莉花。

在后段抒情的部分，孟庆旸和演员们手中的伞一开一合，犹如茉莉花竞相开放，仿佛有淡淡清香袭来，沁人心脾。

舞蹈的最后，演员们用手中的伞拼接组合，变化成一朵大大的茉莉花。

茉莉花开，也寓意着春意盎然、国泰民安。

　　舞蹈《茉莉》为观众展现了东方人文底蕴和自然之美，让无数观众倾倒。"让我动容的是中国东方演艺集团带来的《茉莉》舞蹈。怎么形容呢？一群如仙儿的女子，髣髴兮若轻云之蔽月，飘飖兮若流风之回雪，静若处子，动起来，衣带当风，身姿曼妙，似翩飞彩凤，袅袅婷婷，完美地诠释了江南女子的婉约，让人感觉美不胜收，如仙如幻。"有观众留言说。

　　2021年中央广播电视总台春节联欢晚会，由孟庆旸领舞的《茉莉》摘得那年春晚的收视桂冠。

第四章

青绿腰，说小了是春夏秋冬，说大了是中华文化如巍巍山峰不倒。
青绿勾连起创作者与欣赏者惺惺相惜的默契，体现的是创作之丰与传承之美。

——孟庆旸

孟庆旸终于等来了适合自己的角色，她和那抹数千年前的青绿相遇，唤醒了藏在中国古典书画艺术中的灵魂。

"苍翠入画轴，浓淡若秀眉。"当孟庆旸垂目转身，找到了和"青绿"的精神共通点，那是《千里江山图》的画魂，是创作者与欣赏者的极度默契，是古代不同领域匠人的匠心和精魂的凝聚。

只此青绿 舞蹈诗剧

摄影：王徐峰

一幅古画之旅

　　如果盘点2017年的文化热点事件，《千里江山图》展览必定榜上有名。2017年9月，"千里江山——历代青绿山水画特展"于故宫开展。展览厅设在故宫博物院午门正殿和东西雁翅楼，分前后两期，共展出文物86件套，以北宋画家王希孟的《千里江山图》为中心，系统梳理、展示了中国历代青绿山水画的发展脉络。展览一推出，就掀起了观看热潮。故宫博物院每日早晨8点30分一开门，游客们为了抢先目睹展品，便从午门入口纷纷跑步到展厅。这是继《清明上河图》在故宫博物院展出并掀起观展高潮后，故宫博物院又一爆款展览。有媒体戏称，"千里江山图"特展甫一推出，"故宫跑"再次横空出世。

　　《千里江山图》火了！不少人一大早就在故宫博物院入口排队。为此，故宫博物院在9月下旬就实行了分时段发号参观。即便如此，也不能阻挡人们对《千里江山图》的热情。据统计，在2017年"十一"长假期间，特展日均接待近2万名观众。《千里江山图》的展厅前，排起了长队。人们怀着崇敬的心情，只为一睹那位天才画家笔下的千里江山的风采。

此时的孟庆旸还不知道，那抹数千年前的青绿，将和自己产生难以割舍的联系。

伴随展览的进行，故宫博物院还同步启动了同主题文创产品的研发工作，推出了《千里江山图》异型茶具套组，《千里江山图》多功能艺术桌垫，"千里江山"艺术折扇与团扇，还有艺术丝巾等。这些融合了《千里江山图》中经典的山石、颜料等元素与现代工艺的文创产品，既有仿古的韵味，又不失实用性，让原画作跨越千年不朽的古典美在当代焕发了鲜活的生机。

《千里江山图》经典的青绿配色，还非常适合于各类饰品、日用品。故宫博物院以此为灵感研发了项链、耳饰、戒指、笔筒、便签纸砖、手工皂、手提袋、无火香薰等饰物和实用产品，让青绿山水走进日常生活，走进寻常百姓家。

故宫博物院副院长王跃工介绍，"千里江山"系列文创产品逐渐成为故宫文创中品系丰富、类型多样、广受欢迎、迭代至今的明星系列产品。为了将"千里江山"的文化元素不断深化丰富，更好地加以传播，故宫博物院还开展了许多同主题的创新合作项目。

随着文创开发类型愈加丰富，种类愈加多样，《千里江山图》的衍生开发与科技结合，寻求跨界突破，推出了游戏、音乐、数字展览等多种形式的新颖项目。

围绕《千里江山图》文化创意的迭代不断升级。就在这段时间，中国东方演艺集团加入了这场文化盛会，着手创排以《千里江山图》为主题的舞剧，希望通过舞蹈语言呈现画中的"千里江山"，让更多人领略中华书画文化的魅力。

2020年初，舞蹈诗剧《只此青绿》立项。

2020年11月26日，《只此青绿》主创在故宫博物院建福宫召开新闻发布会。在文旅融合理念的指引下，作为文化和旅游部直属的两家重量级文化机构，故宫博物院与中国东方演艺集团有限公司达成了战略合作。两家机构的合作将为深入探索"以文促旅、以旅彰文"的合作模式，为大力弘扬中国优秀传统文化，充分发挥国家级博物馆与文化企业资源优势，为建设社会主义先进文化起到示范引领和表率带动作用。新闻发布会同时表明，故宫博物院和中国东方演艺集团有限公司的合作将以精品剧目的创排为起点，为传统文化注入时代色彩，彰显中华优秀传统文化的历史光辉和表演艺术的创新活力。

故宫博物院院长王旭东表示，中华优秀传统文化与当下民众的生活相融合，才能够绽放出更加持久的魅力与生机。此次创作挖掘文物蕴含的人文价值，让蕴含在文物中的灵魂活起来，像这种对于一幅画的挖掘还是第一次，希望未来有更多收藏在故宫里的文物通过艺术家的表达传递出新的价值。

2021年3月，《只此青绿》完成前期创作，进入排练，排练时长近五个月。在这个过程中，人民网正式加入《只此青绿》，助力《只此青绿》的宣传传播。曾打造实景演出《文成公主》的域上和美文化发展有限公司也加入了出品方阵营，为《只此青绿》舞剧的创作保驾护航。

在创作团队方面，《只此青绿》汇聚了中国东方演艺集团的优秀资源和业界精英人才，集结了众多实力强大的一线创作人员。曾经执导《永不消逝的电波》《沙湾往事》而两度获中国文化"文华大奖"、被誉为"中国舞坛双子星"的周莉亚、韩真担任总编导，新生代编剧徐珺蕊、多部作品荣获影视剧收视冠军的作曲家吕亮担任主创，并特邀国家大剧院舞美总监高广健担任舞美设计、顶级灯光设计师任冬生担任灯光设计、时尚圈代表人物阳东霖担任服装设计、贾雷担任造型设计。

在舞剧创作之初，导演就选择让孟庆旸来演绎青绿这个角色。

如此令人心潮澎湃的机会，孟庆旸却差点错过。

就在舞剧建组前夕，她收到家里的消息，被告知妈妈席凤梅生病了。

她赶紧向团里、向导演韩真请假："我妈病了，我得回家。"

匆忙收拾了几件换洗衣服，孟庆旸就往高铁站赶。

家人告诉她，在例行检查中，席凤梅体内发现了乳腺结节，需要手术。

听到这个消息，孟庆旸的心里不由得咯噔了一下。

凌晨四点，孟庆旸到达北京南站。在北京到周口的高铁上，思绪混乱的孟庆旸想了很多。乳腺手术可大可小，如果化验结果是良性，只要摘除肿瘤即可。如果是恶性，接下来妈妈就将面对着放疗或化疗等治疗流程了。

看着车窗外的风景一幕幕闪过，孟庆旸的思绪也越飘越远……这些年，孟庆旸一直在北京打拼，陪在父母身边的时间极少，她的心中本就愧疚不已。如今妈妈生病了，作为家里的独女，孟庆旸必须和妈妈一起渡过难关。

　　这也意味着，如果席凤梅的肿瘤检查结果显示恶性，孟庆旸就必须放弃《只此青绿》主演的机会。

　　医院很快给席凤梅安排了乳腺切除手术，席凤梅被推进了手术室。

　　手术很顺利，被切除的肿瘤还需要进一步化验才能知道最终结果。

　　在医院手术室门口，孟庆旸焦急地等待着。

　　所幸的是，结果显示，肿瘤是良性的。

　　病床上的席凤梅尚且虚弱，却安慰孟庆旸道："我这也没啥大事，你赶紧回北京。"

　　孟庆旸不依，坚持等到妈妈恢复了一些后，她才回北京参加排练。

　　这一切都仿佛冥冥注定，这一切都来得刚刚好。

　　2021年1月18日，中国东方演艺集团正式组建《只此青绿》剧组，孟庆旸获得了"青绿"一角。

摄影：王徐峰

创造青绿

千山万壑，绵延起伏，江河交错，烟波浩渺，《千里江山图》画卷长度接近12米，宽超过半米。如何展现画中那气势磅礴、境界宏阔的"千里江山"，成为摆在主创面前的难题。

与色彩绚丽、巧夺天工的《千里江山图》形成互文的是，画作作者的传奇故事。《千里江山图》的作者王希孟，创作此画时仅18岁，可谓天纵英才。王希孟十多岁时进入宫廷，成为画学生徒，后召入禁中文书库。在宋徽宗的指点下，王希孟的绘画水平迅速提升。宋徽宗政和三年，王希孟用了半年时间，终于画成了他这一生最成功的作品——名垂千古的杰作《千里江山图》。画作完成了，王希孟却英年早逝，将生命的华彩定格在了《千里江山图》完成之时。关于王希孟的生平、他的早逝原因，学界有各种说法，这给后人留下了无数解读空间。

故宫博物院官网介绍：

《千里江山图》卷是北宋画家王希孟传世的唯一作品。此图描绘了祖国的锦绣河山。画面上峰峦起伏绵延，江河烟波浩渺，气象万千，壮丽恢宏。山间高崖飞瀑，曲径通幽，房舍屋宇点缀其间，绿柳红花，长松修竹，景色秀丽。山水间野渡渔村、水榭楼台、茅屋草舍、水磨长桥各依地势、环境而设，与山川湖泊相辉映。此卷以概括精练的手法、绚丽的色彩和工细的笔致表现出祖国山河的雄伟壮观，一向被视为宋代青绿山水中的巨制杰构。

流传上千年，《千里江山图》也因为其画作，背后的故事，成为故宫博物院的珍宝。其因气势恢宏，充分表现了自然山水的秀丽壮美，被称为"中国十大传世名画"之一。

20世纪80年代，《千里江山图》曾在故宫展出，但受当时展览条件所限，也为了保护画作，《千里江山图》在短暂的展出后就被封存，直到2009年才再度展出。2013年，《千里江山图》作为武英殿"故宫藏历代书画展"中的一幅作品展出，但并没有引起近几年的轰动。2017年"千里江山——历代青绿山水画特展"的成功，离不开策展人王中旭的努力。80后策展人王中旭是毕业于中央美院的艺术史博士，多年来，他在研究《千里江山图》的同时，别出心裁地构想了《千里江山图》的展览，从展柜设计、摆放位置到展览策划都进行了精心的设计，简洁大气，主题鲜明，又十分人性化。正如展览引言所说，让后人通过文物承载的历史信息，"看得见岁月留痕、留得住青山绿水"。

身为中央美院的艺术史博士，王中旭跟《千里江山图》的缘分是从教材开始的。"《千里江山图》是艺术史教材中的经典范例，我曾无数次在画册上见到过。但画册上颜色偏暗，并没有真实地将画作亮丽的颜色展现出来。"王中旭说。

那么，何为青绿？故宫博物院研究员马季戈撰稿介绍，《千里江山图》卷在设色和用笔上继承了传统的"青绿法"，即以石青、石绿等矿物质为主要颜料，敷色夸张，具有一定的装饰性，被称为"青绿山水"。此种表现方法是中国山水画技法中发展较早的一种，在隋唐时期如展子虔、李思训、李昭道等许多画家均擅长青绿山水画。纵观宋代画坛，虽然也有一些画家用此法创作，但从目前存世作品看，尚无一件可以超越《千里江山图》卷。王希孟在继承前法的基础上，表现出更趋细腻的画风，体现了北宋院画工整严谨的时代风格。此图用笔精当，一点一画均无败笔。人物虽细小如豆，却动态鲜明。微波水纹均一笔笔画出，渔舟游船荡曳其间，使画面平添动感。

故宫博物院研究员余辉评价说，徽宗教谕希孟画该图，是为了提振青绿山水，尤其是开创大青绿山水的绘画语言，意在山水画用色上体现"丰亨豫大"的观念并形成完整的审美体系。

不少人在观赏过程中有疑惑，《千里江山图》的青绿，为何历经千年依旧鲜艳？原来，创作《千里江山图》的过程中，宋徽宗命人拿出了昂贵的丝绢做画布，用成色最好的青金石、孔雀石磨成青绿颜料，海底的贝壳、无价的宝石，这些堪比金子的贵重颜料可以使得画作千年不黯淡。王希孟用石青、石绿等矿物颜料给"青绿山水"上色，又用泥金勾勒出"金碧山水"的颜色，也由此，《千里江山图》被认为是宋代青绿山水画中具有突出艺术成就的代表作。

何为《只此青绿》？在创作过程中，王中旭的一点发现打动了舞剧主创。王中旭说，《千里江山图》作为宋代青绿山水中的巨制杰构，画中石青、石绿的颜料会在幽暗的光线下散发出宝石般的光芒，摄人心魄。

主创以此为灵感，巧妙地以王中旭这个人物为切入点，让故宫博物院研究员作为贯穿全场的"展卷人"，通过展卷人的视角穿越古今。可以说，展卷人是接近王希孟人生、打开《千里江山图》画卷的关键人物。

采石、淬炼、制笔、研墨、作画……《千里江山图》从原料采集到绘制创作的每一步，都凝聚了无数人的心血。可以说，《千里江山图》的诞生，不仅有宋徽宗孜孜不倦的推动与王希孟呕心沥血的创作，更有无数默默无名的人们的集体智慧。舞剧《只此青绿》巧妙地将视角放在了画作背后无数普通人的身上，当我们跟随着舞剧，将观赏《千里江山图》的视角，从"我"扩展到"我们"时，《千里江山图》也呈现了全新的韵味。当我们以时代的视角来欣赏《千里江山图》，也完成了《千里江山图》从静态的画作转为动态的作画之间的时空联系，实现了中华传统书画艺术在现代的创造性转化、创新性发展。可以说，舞剧《只此青绿》为我们提供了欣赏《千里江山图》的全新视角，成为中华优秀传统文化焕活的一个绝佳样本。

舞剧《只此青绿》创新性地将研究员研究画作的过程，和古代匠人制作工艺的进程，进行了时空交织。观众跟着研究员的奇遇，进入了画作原料制作的动态过程，领略和感受古代工匠的精湛技巧与诚意匠心，这种厚重的工匠精神，更彰显了中华精神生生不息的根脉。

创作的过程是漫长的，导演韩真、周莉亚一点点打磨。两位导演从北京舞蹈学院毕业后，联手搭档多年，从事舞剧创作，被称为舞蹈界的"双子星"。她们此前的作品获奖无数。2016年，韩真与周莉亚共同担任总编导的舞剧《沙湾往事》获得第十五届"文华大奖"；同年，她们合作编导的舞剧《杜甫》在国家大剧院首演，该剧获得第十届中国舞蹈荷花奖舞剧奖。2017年，韩真、周莉亚担任总编导的原创民族舞剧《花木兰》首演，该剧获第十一届中国舞蹈荷花奖舞剧奖。2018年，韩真与周莉亚联合执导的谍战舞剧《永不消逝的电波》首演，该剧获第十六届"文华大奖"、第十五届精神文明建设"五个一工程奖"。为了参悟《千里江山图》中的意境和神韵，韩真、周莉亚研读了几乎所有宋代的诗词、绘画等作品，以期用现代舞蹈语汇呈现画作的意蕴。

孟庆旸冥冥中感到，她终于等来了适合自己的角色。

摄影：王徐峰

与青绿相融

2021年3月，《只此青绿》剧组正式进入排练。

孟庆旸和其他演员们几乎每一天，都在排练，都在打磨。

排练的过程是重复而枯燥的，但这也是孟庆旸熟悉的氛围、适应的节奏。

每天不到9点，孟庆旸就来到排练厅，开始一天的排练。

上午，他们排练段落、细抠动作、练习表情。中午匆匆吃个午饭，简短休息后，下午，他们继续排练段落、细抠动作、练习表情。一直到晚上9点。

晚上9点多到家，孟庆旸还每天坚持进行能力素质训练，增强腰肌、腹肌、背肌等部位的力量。孟庆旸说，这样的痛苦是值得的。"导演韩真、周莉亚一个是金牛座、一个是摩羯座，一直在钻研'千里江山'。两位导演有着对艺术的天赋和丰富的经验，能给你最直接的反馈。一方面她们有自己的想法和追求，但另一方面，她们很尊重我们的想法。"孟庆旸形容，"这样的排练过程真的是相互信任，没有磕碰。"

在剧中，孟庆旸饰演的是"青绿"。

万事开头难，如果问在《只此青绿》排练中遇到的最大困难是什么？孟庆旸会脱口而出："与青绿角色的融合。"

这与以往她塑造的任何一个角色都不同。之前，孟庆旸演绎过《敦煌乐鼓》《兰陵王》《鹊桥仙》等体现中华优秀传统文化的舞剧角色，在这些作品中，孟庆旸演绎的角色都是一个具体的人物。而在《只此青绿》中，两位导演告诉孟庆旸，青绿不是一个具体的"人"，而是一个"拟人化"的"物"的形象。

排练期间，为了理解这个角色的意义，孟庆旸不断学习，查阅有关宋代文化的书籍，研究宋代文学和绘画，探寻宋代美学，试图找到青绿的状态。

和其他舞剧的排练不同，最开始的一个月，演员们的功课是——"静"。两位导演没有让演员们练习任何具体动作，而是让所有的演员去学着寻找一种"安静感"。孟庆旸说："要想演出'静中带动'，只有自己安静下来才能控场，最好的安静方法就是放空，在身体最松弛的状态里找到角色定位。"

当时，孟庆旸他们有且仅有的一个状态就是抬头望月。抬头望月，练久了以后，孟庆旸感到时间都变慢了，心态也平和了。渐渐地，青绿于她，有了清晰的边缘。

以"静"为出发点，韩真、周莉亚两位导演以宋代绘画中内敛、内收的基调，设计了"静待""望月""落云""垂思""独步""险峰""卧石"等一系列造型动作。

孟庆旸说，创造青绿，是一点点磨，一点点长出的漫长过程。表

摄影：王徐峰

演时是该眼睛用力，还是眉心用力？青绿是如何笑的？是否需要带有情感？青绿的每一个微小的形态变化，都让孟庆旸魂牵梦绕。

青绿为何这么清冽、高冷？为何总是仰着头与一轮明月对望？为何尘封多年却始终保持着那份坚定执着？

编剧为青绿写过一句话："我愿静待画中千年，只为以绚烂此身，成全时空的联结。"青绿，就是画家与展卷人的时空连接者。

韩真导演在现场念过一句诗："待到秋来九月八，我花开后百花杀。"诗中喷薄而出的豪迈使孟庆旸醍醐灌顶，从这句诗中她深刻地感悟到了青绿应有的冷冽感，她下意识间觉得，自己似乎摸到了青绿的核心。

青绿，不取悦任何人，不迎合任何人，青绿的内在无比强大，而这份强大和力量又来自青绿由内而外的自信。因为，青绿就是《千里江山图》的画魂，是创作者与欣赏者的极度默契，是古代不同领域匠人的匠心和精魂的凝聚。

孟庆旸垂目转身，透过画家王希孟的双眼，看到了一座座小山变幻成险峻的峰峦，千年时光交错。孟庆旸终于找到了和角色的精神共通点，她仿佛能看到王希孟出现在画作前对她说："心有丘壑，才能眼存山河。"

那是能够穿越岁月的沉淀，那也是传承了千年的文化的魅力。

孟庆旸解读道："青绿，是静待千年淬成的端庄、沉静、清楚和冷冽，使我着迷。青绿与明月遥相对望的画面犹如一种隽永的姿态，隐含了千年尘封的寂寞。那一刻，我感受到了青绿的'执念'与它的情结。"

今人不见古时月，今月曾经照古人。当舞台上出现了一轮明月，照耀着展卷人、希孟和青绿三人时，他们虽看着同一个月亮，但身处于不同的时空。换言之，他们虽身处不同的时空，但曾照耀他们的月亮始终还是同一个月亮。

"宋代尚简，重神轻形。"这里的"神"，在孟庆旸看来就是"气韵"。如果西方古典绘画注重"写实"，那么中国山水画大多讲究"写

意"。"气韵"指的就是传统中国画的灵魂。那么，《千里江山图》的
气韵是什么呢？在孟庆旸看来，王希孟18岁完成《千里江山图》，画
中除了精妙的绘画技法，还隐隐存在一股少年心气。这是一种中国式
的狂放。这种"狂放"不同于欧洲近代艺术的华丽和现代主义艺术的
奔放，也不同于非洲艺术的狂野，而是中国宋代独有的审美情趣。这

种"狂放"应该是静默无声的，它带有中国人民族性格中特有的内敛持重。

孟庆旸说，这便是《千里江山图》的独特"气韵"，这份"气韵"隐含了中华文化中"天人合一"的宇宙观，以及"与自然万物共存"的世界观和哲学思想，这便是根植于我们心中的传统文化。这种深邃的审美基因，一直流淌在中国人的血液当中，也是中国舞者的根与魂。

孟庆旸要做的，是通过舞蹈的语言和肢体的动作展示这份气韵，展示中华优秀传统文化的"魂"。孟庆旸在舞台上演绎的"青绿"，那是对中华优秀传统文化的回眸与致敬，以舞蹈的方式向观众诉说文化的酝酿、沉淀、发现和传承。

找到了"神"之后，"形"似乎也变得顺理成章。眼神和形态，是舞蹈演员的外化表现。为了让演员们更好地演绎舞剧，中国东方演艺集团组织演员去故宫博物院参观学习，了解古画的背景，观摩古画中宋代女子的体态、神态。孟庆旸注意到，宋代画像里的女子形象会有一些"溜肩垂背"的形态。

《只此青绿》许多舞蹈姿态与演员们惯常的训练其实有很大差异，孟庆旸花了不少时间改变原先的习惯，通过模仿宋代女子清冷慵懒的气质，让气往下沉、往内走，含胸、垂背，练习宋代人物画里的女性姿态。同时，《只此青绿》还要求演员垂眸冷眼，让眼神带上冷艳的疏离感。孟庆旸说，青绿，带给人的是一种冷冽克制的疏离感，是宋代传统美学中沉静隐晦之美。青绿群舞不像以前的女子群舞那样柔美，而是展示了女性的铿锵有力、坚定大气。

从眼神到舞姿，从走路的重心到舞蹈的姿态，主创团队对包括孟

摄影：王徐峰

庆旸在内的每个演员都提出了严格的要求，对每一个细节都精益求
精、千锤百炼。正如导演韩真、周莉亚所说："我们对演员的要求非
常严格。每个动作的内驱动力，不光是外化到动作肢体，更多的是内
心的感受——她内心要有那一轮明月，她要有那一份深厚的底蕴，她

才能够通过肢体传达出来。"

值得一提的是，为了追求历史的真实和细节的准确，《只此青绿》剧组邀请了强大的专家顾问团队：由中国舞蹈家协会主席冯双白担任艺术顾问，中国国家画院院委、华东师范大学美术学院院长张晓凌担任美学顾问，著名作曲家程池担任音乐顾问，还特别邀请故宫博物院书画部主任曾君、文保科技部主任于子勇、书画部研究馆员王中旭、书画部副研究馆员郁文韬担任文博顾问，邀请国画颜料、徽墨、宣笔、绫绢等制作技艺的非物质文化遗产代表性传承人仇庆年、汪爱军、张文年、郑小华等担任非遗顾问。排演期间，团队多次与故宫博物院专家座谈交流，并邀请文化和旅游部党组成员、故宫博物院院长王旭东为剧组进行中华传统文化专题讲座。

从上午9点到晚上9点，从3月份到8月份，从初春到夏末，《只此青绿》的排练每天都在进行。导演带着孟庆旸等演员，反复地修改、推翻、打磨，只为创作出"最好"的《只此青绿》。

"没有最终版本，只有最好版本。"这是主创们常常挂在嘴边的话。

迎来首演

2021年8月1日起，《只此青绿》进入合成阶段。

8月18日，舞蹈诗剧《只此青绿》——舞绘《千里江山图》在人民网1号演播厅举办首演新闻发布会。发布会首次公布了剧目定妆海报及舞台剧照，精致唯美的人物服装造型及视觉创意吸睛无数。发布会透露，舞蹈诗剧《只此青绿》首轮演出于8月20日至8月22日在北京国家大剧院上演。

发布会上，对《只此青绿》的首演，各方都寄予了厚望。文化和旅游部党组成员、故宫博物院院长王旭东表示，相信参与《只此青绿》的艺术家和学者，能够引领今天的观众，回望千年前古人对世界、对社会的美好追求，从中华优秀传统文化中汲取智慧和精神力量，创造我们今天的美好生活。

中国东方演艺集团党委书记、董事长景小勇认为，《只此青绿》的文化内涵丰富而深刻，值得反复观看，"相信舞蹈诗剧《只此青绿》所传达的中华优秀文化精神，能够唤起海内外华人同胞的文化自信感

摄影：王徐峰

和认同感。"

人民网股份有限公司党委书记、董事长、总裁叶蓁蓁说，此次由故宫博物院、中国东方演艺集团、人民网共同出品的舞蹈诗剧《只此青绿》，跨越古今时空，以"青绿"为中华之美，用舞蹈绘制一幅《千里江山图》。这是一次文博与艺术的连线，也是一次艺术与传媒的互鉴。

景小勇后来撰文分享《只此青绿》的创作过程时写道："党中央对传承弘扬中华优秀传统文化的一系列举措，在全社会点燃了中华文化创造性转化、创新性发展的强大引擎，中华优秀传统文化的生命力、影响力、凝聚力和创造力不断增强。《千里江山图》是北宋画家王希孟的传世名作。几年前，该画在故宫展出，曾引发观展狂潮，从侧面反映出人民群众文化意识的提升以及对优秀传统文化的渴求。作为国家级艺术院团，我们有责任扛起弘扬传播优秀传统文化的大旗。《只此青绿》建组之初，我们就对剧目的创作提出四点希望：一是希望作品能够成为以人民为中心之作；二是希望作品能够成为彰扬文化自信之作；三是希望作品能够成为艺术创新之作；四是希望作品能够成为勇攀艺术'高峰'之作。"

2021年8月20日，北京国家大剧院，《只此青绿》正式首演。

建成于2007年的国家大剧院是国家表演艺术中心。十多年间，国家大剧院荟萃古今、联通中外，上演了无数艺术佳作，成为国内外艺术家向往的艺术殿堂，也成为艺术作品的验金石。

国家大剧院有歌剧院、戏剧场、小剧场、音乐厅四个剧场，《只此青绿》首演的场地，便位于国家大剧院中央的歌剧厅。层峦叠嶂、

摄影：王徐峰

山色空蒙，以青绿色为底色的《只此青绿》海报，贴在国家大剧院观众入场醒目的位置。富有中华优秀传统文化特色的《只此青绿》海报上，孟庆旸化身青绿、眉目轻垂、身形微屈，位于醒目的位置。

节目单上印着一段《只此青绿》简介，带着观众一探《千里江山图》：舞蹈诗剧《只此青绿》以今人视角切入，将兢兢业业的故宫博物院文博工作者与勤勉不辍的古代工匠交织成一幅人文画卷，溯源中华优秀传统文化。

走进国家大剧院歌剧厅、走近《只此青绿》的舞台，观众就会不自觉地被舞台吸引。和传统舞台大幕左右拉开不同，《只此青绿》的大幕，是以上下为界限。开场前，舞台的大幕只拉了一半，一道白色的屏障遮挡住舞台的上半部分空间。露出的舞台下半空间，观众可以看到犹如转盘的舞台设计。

《只此青绿》的舞台由自内向外的几个同心圆组成。围绕着同心圆，舞台上设置了几块屏风般的装置，既能够间隔舞台，给演员表演提供不同的空间和余地，又能够成为投影的屏幕，展现不同场景不同时期的变化。伴随剧情的演进，屏风装置能够随着旋转的舞台空间升降、开合、起落，渲染各种视效，形成舞台的千变万化。

舞台上，经典的青绿配色显得古朴典雅。"只此青绿"这几个字分外醒目。这也是舞台营造的"犹抱琵琶半遮面"的效果，引发观众探究的兴趣和无限的遐想。

《只此青绿》首次演出就登上大剧院舞台，孟庆旸既兴奋，又紧张。她能做的，就是进入最佳状态，成为青绿。

演出前十分钟，孟庆旸已经进入舞台的最中间。接近开场，喧哗

摄影：王徐峰

的剧场渐渐安静下来。观众们屏息凝神，等待着《只此青绿》的开演。

晚上7点30分，演出正式开始。

第一篇章《展卷》，大幕徐徐拉开，青绿首先入"画"。

舞台上，孟庆旸的出场惊艳无比。只见她头饰高耸，仿佛《千里江山图》中的山石；身着暗色青绿衣，双袖下垂，仿佛山石间的纹理，又仿佛山间流淌的瀑布。

静，便是《只此青绿》的开场气氛。静默不动，孟庆旸仿佛感觉到有一幅画卷静静出现在舞台中央。侧眼垂目，画卷徐徐展开，古朴厚重，如梦如幻。

她抬头望月，低头沉思，每一个举动，都深深地牵动着观众的心。

在舞台上，青绿和展卷人错身而过。

青绿的蓦然回望，是延绵悠长的"一眼千年"，仿佛是传统对现代的展望，又仿佛是山河对于观赏者的认可。

展卷人的回首，则与画家希孟遥望，与古代劳动者遥望，在舞台上勾勒出层次丰富的意境。兢兢业业的故宫博物院文博工作者们，与勤勉不辍的古代工匠们共同汇成一幅情景交融的人文画卷。

这便是舞剧的序章。

第二篇章《问篆》主要展示了篆刻人的技艺。舞台上，展卷人穿越时空，遇到画家希孟，一起展开了探寻。

第三篇章《唱丝》主要展现了织绢人养蚕、制作丝绸的场景。舞台上，孟庆旸再次出现，开始一段独舞表演，展现了希孟和青绿的相遇。

第四篇章《寻石》展示了磨石人从原料的开采、挖掘到磨制的过程。展卷人目睹着磨石人攀爬在崇山峻岭中，感慨万千。"江畔何人初见月？江月何年初照人？"舞台上升起一轮明月，静静照拂着青绿、展卷人、希孟，意境悠远。在洋溢着中华传统文化要素和哲理思辨的意蕴中，舞剧进入了下一篇章。

第五篇章《习笔》展示了制笔技艺。出现在该篇章的青绿女群舞，是全剧极其华彩的部分。在这段11分钟时长的舞蹈中，孟庆旸带领着青绿们，上演着极致的中国式"大片"。伴随着阵阵古筝、古琴声，以孟庆旸为首的青绿们缓缓步入舞台。垂目、俯身、下腰、甩袖，一动一静间，仿佛青绿在希孟的笔下，一点点苏醒、复活。

摄影：王徐峰

　　只见孟庆旸带领演员们，时而是层峦叠嶂、高低远近的山峰，时而是险峻雄奇、错落有致的山石。随着音乐进入高潮，孟庆旸上半身平稳后仰，上演了令人拍案叫绝的"青绿腰"，舞台最中央的她，仿佛能穿越时空、凝结古今。

　　古筝、古琴声渐疾，青绿的舞蹈动作也变得大开大合，极有力度的甩袖、转身，舞蹈的华美、绚烂，就仿佛王希孟笔下的肆意和狂放。

图片来源：哔哩哔哩

图片来源：哔哩哔哩

图片来源：哔哩哔哩

而当音乐进入尾声段落，渐趋荡气回肠之时，孟庆旸的目光和神色出现了改变，在一抹柔黄灯光的照射下，她的表情不再冷冽，而是变成了若有所思的领悟，那种领悟无异于新生。那是青绿被王希孟的画笔赋予了生命。

第六篇章《淬墨》展现了制墨人的技艺。舞台上，画家希孟仍旧在不停作画。这一段的背景字幕，写出了制笔人、篆刻人、织绢人、制墨人、磨石人的心声。

　　　　百余工序指尖绕，千万毛中拣一毫。我制笔半生，所见不过方寸之间。惟愿此笔能随你而行，全当我也追随你看看这大好河山。——制笔人

　　　　篆，乃名之名。少年，我愿将你的名字从料峭枝头摘下，化作一枚名章，为你留下存在过的印记。——篆刻人

　　　　春蚕之丝，寸锦寸金，一丝一缕皆是桑蚕人家的细密心意，而今此绢交予你，以此刻为凭，从前是我等心血织就，往后便看你如何执笔。——织绢人

　　　　龙麝黄金皆不贵，墨工汗水是精魄。小小一锭墨，须轻胶十万杵、翻晾百余日，方成一点如漆、万载存真。我祖辈制墨，愿以掌中墨色，将松之傲骨予你、墨之坚真予你、制墨匠人之嘱托予你。——制墨人

　　　　我此生访川寻石，杵臼研磨。光阴一半在脚下，一半在耳边。少一步，无千年之石；多一杵，无千年之色。少年，心中若能容丘壑，下笔方能绘山河。——磨石人

第七篇章《入画》是《只此青绿》的最后一个篇章，展现了希孟一气呵成，画成《千里江山图》的过程。音乐渐起，圆形转盘舞台启动。孟庆旸和演员们身着仿照画中色彩搭配的服装，微微半蹲着缓步行进，脚掌随着音乐鼓点和希孟的动作向前探出，到达重心最大值后，再往前轻轻行一步。她们长时间保持着仰视状态的眼神，以呈现怀抱山河日月的肃穆、孤傲之感，走入《千里江山图》的画卷中。

最终，青绿在希孟周遭定格，她们化成了山，化成了石，化成了壮阔的千里江山。

如果说在《只此青绿》的开头，青绿望月，垂目转身，把观众带

摄影：王徐峰

入《千里江山图》的画卷中。那么在舞剧的最后，青绿入画，以自己的身形化作险峻陡峭的山峰，古朴厚重的山石，她仿佛在透过画家王希孟的双眼，眺望着祖国大好河山，油然而生出会当凌绝顶，一览众山小的豪情。

舞台上，舞者通过精妙的舞蹈，勾勒出层次丰富的画境。观众跟随展卷人，徜徉在富有传奇色彩的中国传统美学意趣之中。

来到舞剧的尾声，布景变幻，时空又由古代回到当代。舞台前方升起了一方《千里江山图》的玻璃展台，带领观众们回到2017年故宫博物院展出《千里江山图》的现场。穿着现代服装的人群走进展厅，他们有序排队，怀着恭敬的心，俯身观摩着《千里江山图》，他们有的小声讨论，有的细细打量，但无一不被《千里江山图》之美折服、吸引。

舞台上，展卷人和希孟缓缓出现，来到展柜两端。当希孟带着惊喜俯身看画时，展卷人在展柜的另一端突然看见了他，他缓缓弯腰，对着希孟深深鞠了一躬，希孟看到后，也对他回了礼。他们隔着《千里江山图》和无数不知情的观众游客，彼此会心一笑，转身，向舞台深处走去。他们知道，这一刻，他们完成了自己的使命。

"谨以此剧献给中华优秀传统文化及其创造者、传承者。"

字幕亮起，舞剧结束。

大幕拉下，如潮般的掌声响起来。

台上的孟庆旸知道，成了。

8月20日至8月22日，《只此青绿》在国家大剧院首演三场，场场爆满。首演结束，好评如潮。媒体的助力，也有力宣传了《只此青

绿》。首演前后，以人民网微信、微博、抖音、快手及海外平台等官方媒体矩阵同步跟进《只此青绿》内容宣传。在国内成功引发央视网、光明网、中国新闻网、澎湃新闻、新浪网、搜狐网、网易新闻、《中国文化报》、《文艺报》、《中国艺术报》、《中国青年报》、《北京日报》、"学习强国"、"今日头条"等百余家中央及地方媒体广泛传播，累计发稿量超100篇次，曝光量超过2.47亿。2021年10月，《只此青绿》选段《入画》登上了CCTV-3《国家宝藏·展演季》，以"国宝×文艺再创作"的形式，呈现了希孟与观众的跨时空对话，首轮播出即获得《人民日报》等国家级官方媒体的权威报道。

首演成功背后，是台前幕后无数人的付出。

舞美设计上，《只此青绿》的舞台上空设计了三重弧形板对应地面四层同心圆转台，上下升降，缓缓运行，其遮蔽与打开，不仅用来完成演员"出画""入画"及场景的自然切换；亦虚亦实的不透明性，更能使舞台产生不可一眼望尽的含蓄、内敛的古典风韵。《只此青绿》舞美设计高广健介绍，周密的舞台调度不仅完成了空间与空间的合并，情境间的连接，还整体性地实现了场景、人物的无缝衔接，从而带来如电影运镜般的流畅体验，呈现出"展卷"这种独特的美学形式与意境。这个设计也贯穿着《只此青绿》全剧。

服装设计上，角色们都有自己的代表色，如白色的织绢人，靛蓝色的篆刻人，赭褐色的采石人和石块，青灰色的制笔人，黑灰色的制墨人以及女官的大红官服。在青绿的设计上，青绿的服装造型强调宋代崇尚的清瘦感，袖子布料叠搭，犹如山岩纹理；襦裙缠绕腰间，用裙面的层叠感形成山峦层叠之势，仿若《千里江山图》中的层林群

山。《只此青绿》的色彩，提取自《千里江山图》中的头青与石绿。服装造型总设计师阳东霖在接受数艺网采访时说道，希望呈现出宋式清雅美学，缔造一种"人自画中来，忽然归画中去"的意境。

其中，主演孟庆旸的服饰有三套。根据剧情需要，三套同样体现"青绿"的服装，颜色并不一样。第一套衣服是带有做旧感的，像是青绿从封存千年的画卷里第一次走出来，有一种沉淀在时光中的陈旧、碎片感。第二套是孟庆旸跳女群舞时穿的青绿裙，这一套色彩更加鲜亮，寓意着画家希孟胸有成竹，信笔勾勒出山的形貌。最后一套服装是孟庆旸在《入画》篇中穿的服装，采用了和《千里江山图》一模一样的石青、石绿的颜色。

《只此青绿》的配乐，应用了古筝、古琴、竹笛等民族乐器，采用了交响乐托底、民族乐器主音的搭配方式。中国东方演艺集团青年作曲家吕亮担任了舞剧的作曲。吕亮曾创作过《知否知否应是绿肥红瘦》《清平乐》《琅琊榜2》等热播剧原声。在接受媒体采访时吕亮说，宋代音乐十分淡雅，调式与今天的不同，而很多宋代的音乐资料已经找不见了，只留下了词。为了写好这部舞蹈诗剧，追求音乐的历史纵深感，在创作过程中，吕亮一直研读宋词，为范仲淹的《渔家傲·秋思》《苏幕遮·怀旧》等词作配应旋律，"我觉得只有当旋律融入宋词中，音乐结构才能够触及宋朝的精髓与内核"。

《只此青绿》音乐创作总共进行了五次修改，"第一次完全不对，第二次推翻重来，第三次慢慢靠近，第四次基本贴合，第五次定稿成型。旋律的创作绝非一蹴而就，是来回反复地解构、重构、再解构过程。符合《只此青绿》的主题一定是带有沧桑感的，且深入人心、雅莹澄澈，如此才能贴合《千里江山图》的意境。"吕亮在接受《南方都市报》采访时说。在配器的使用上，吕亮以钢琴、弦乐队与民族乐器的组合方式构建纵横古今之感，在这种组合形式下寻找三者之间的契合点，目的是让观众既能听到传统乐器的深邃，又能感受钢琴带来的现代风格。吕亮根据不同场景、人物，搭配使用不同的乐器。如《只此青绿》女群舞片段，正是古琴与古筝融合的段落。在接受《北京日报》的采访时，吕亮说道："受发声机制的制约，古琴音色并没有那么强劲，但这段音乐需要有气势，又需要源源不绝的力量感。古琴的韵味更足，古筝的演奏速度更快。两种乐器叠加，既有古韵，又有力量感。"因此，吕亮就想到了让两种乐器结合，用当下的审美方式呈现传统文化。

　　《只此青绿》在灯光设计上，也别出心裁，数艺网评价道："灯光设计任冬生为此剧打造了独特的灯光结构，用极具个人艺术风格的光色呈现宋制美学的清新雅致与画卷中亦实亦虚、诗意梦幻的青绿世界。"任冬生介绍，用"无色而色始全"来铺陈底色、将"墨色"化作"留白"、在景和演员之间，打造镜子一般的光影，体现出了以少胜多、以无胜有、以简胜繁的艺术追求。

　　这些充满中华优秀传统文化意蕴最终构成吉光凤羽的艺术意象，激荡起观众内心深处的文化认同感，增进了他们对中华文化的自信。

　　正如景小勇所说，该舞剧用平凡劳动者的故事让文物焕发光彩，唤起人们心中最宝贵的文化记忆与信念。

第五章

怀月

青绿，带给人的是一种疏离感，冷冽克制，是宋代传统美学中沉静隐晦之美。

千里江山，不止青绿。

——孟庆旸

《只此青绿》的火爆，也带"火"了孟庆旸。

但孟庆旸却说，出演《只此青绿》后，她的日子慢了下来。从与"青绿"相识到与"青绿"相融，就是对传统文化发现、沉淀和传承的过程。

"止水怀月，空山吐云。"随着巡演的进行，孟庆旸发现青绿是无边无际的，那是中国传统文化的博大精深、源远流长。这种无边无际吸引着她，引领她站在舞台中央为观众带来艺术盛宴，引领她把中华优秀传统文化传递到更远的地方……

全国巡演

　　《只此青绿》首演结束后，旋即展开全国巡演。至今已有三轮。

　　这是《只此青绿》数百场巡演中的一场，也是孟庆旸《只此青绿》巡演的一场。

　　2023年3月16日至3月19日，《只此青绿》在北京天桥艺术中心演出。

　　下午5点左右，孟庆旸开车到达剧场。剧场演员通道已经早早站满了《只此青绿》的爱好者，他们大多是年轻人，拿着《只此青绿》的画册，手捧着漂亮的花束，为北京的春天增添了不少亮色。

　　我问他们："你们是有组织来的吗?"

　　一个漂亮的女孩回答我："我们自己陆陆续续过来的。"

　　"你们这么等能等到演员吗?"

　　女孩答道："不知道，试试吧。"

　　孟庆旸从演员通道进入内场，有时候也会被她们围住，和她们合影签字。《只此青绿》火了后，主演们也有了"粉丝"，这些粉丝不仅喜欢这些舞蹈演员，更是这部舞剧的忠实观众。

孟庆旸快速来到剧场里的休息室，休息室门上有"青绿"两个字的，就是她单独的休息室。和平常见到的孟庆旸有些不同，进入剧场后，她似乎自带了气场，走路带风。这是她熟悉的场地。剧场，是她的第二个"家"。

"孟姐好！""孟姐好！"团里不停有人在和孟庆旸打招呼。

"孟姐，能帮忙签个名吗？"一个年轻演员拿着画册找到孟庆旸。"快来吧！"孟庆旸二话不说，快速签完了几本画册。"谢谢孟姐！"

除了主演的身份，她还负责带教一些剧团的年轻演员。"平日里嘻嘻哈哈没事，到了排练我可是很严厉的。他们有时有点怕我。"孟庆旸说。

到了休息室，孟庆旸直言有些肚子疼。今天是孟庆旸生理期的第一天，她脸色有些泛白。她随身带着保温杯，泡了红糖水，包里还备了止疼药布洛芬。这些天，她连接演出，还有一些其他工作，已经吃了好几颗布洛芬。

"不好意思，我今天状态不太好。"见到我，孟庆旸打起精神。

她犹豫了下，还是吃了一粒。"演出碰到生理期也是正常，希望不要影响演出的正常状态。"孟庆旸说。

孟庆旸随身的小包里，放着猪肉脯、柠檬片、肉松面包，不同于其他女演员，孟庆旸在吃的方面没有特别控制自己。开演前，她一般不吃饭，而是习惯吃一些高热量的食物。

傍晚5点50分左右，是几个记者的采访时间。

"你怎么理解青绿的角色？"

"怎么理解传统文化?"

尽管回答过很多遍,孟庆旸还是认认真真地回答。

"《只此青绿》的创作基于传统文化沉淀了数千年的古韵魅力,我们希望将这种魅力带到舞剧中,用肢体语言和舞蹈语汇表达出来,传承中华优秀传统文化。"

"舞者生来便在等待一个梦寐以求的角色,我很庆幸在30岁时遇到青绿,好角色能赋予我力量。"

采访结束时,已是傍晚6点10分。

孟庆旸赶紧来到化妆室,进行上妆。化妆师已经完成了希孟、展卷人的妆,因为孟庆旸的头饰重,她一般被安排在主演中最后一个上妆。

打底,化妆,上眼影,化妆师跟着巡演几百场,默契已然形成。《只此青绿》的妆造不是特别浓重,素雅的妆容衬托着孟庆旸的高鼻梁、瓜子脸,立体、清冷、美丽。

6点40分化妆结束,紧接着是做头饰。化妆师先将她的头发中分,做两边发髻,然后在两个助手的帮助下将云鬟形状的发饰戴到孟庆旸头上。这便是山峰。

朱唇、远山眉、山峰发髻、青绿长裙……一个宋代女子仿佛就在眼前,那么远,又那么近。

"《只此青绿》的头饰有些重。"化妆师说,"还是比较伤头皮的。"有时候连演两场,孟庆旸的头皮都红了。

晚上7点,化妆结束。化妆室门口有一个妈妈带着儿子在等孟庆旸合影。孟庆旸耐心俯身和孩子合影。看着孟庆旸的妆饰,小男孩不由感慨:"好漂亮啊。"

7点05分，合影结束后，孟庆旸迅速跑回自己的休息室，做开演前准备，压腿、下腰。尽管这些动作已经成为肌肉记忆，但每次开演前，她都会做好十足的准备。

7点10分，孟庆旸从休息室走出，来到剧场后台。剧场一片漆黑，孟庆旸却熟门熟路，很快来到了舞台中央。

孟庆旸站定，垂目闭眼，深呼吸。舞台的灯光亮起，她再次入画。

这是数百场巡演中普通的一场，也是孟庆旸演出中普通的一场。这样的普通，背后却是一个现象级的文化盛宴。

2021年8月国家大剧院首演后，《只此青绿》成为"庆祝中国共产党成立100周年舞台艺术精品创作工程"重点扶持作品，并获得了北京市文化艺术基金（2021）年度资助项目。《只此青绿》开启首轮巡演，走进南通、上海、佛山、苏州、广州等全国18个城市和地区进行了50余场的表演，吸引了十余万名观众走进剧院，几乎场场爆满，所到之处一票难求。

2022年3月，《只此青绿》启动第二轮全国巡演，走进海口、成都、杭州、广州、合肥等近40个城市。第二轮巡演虽受疫情影响，但仍在海口连演10场、北京连演18场，以及完成了南京、宁波、无锡等地的演出。

围绕该剧的修改和提升，中国东方演艺集团举办了专家研讨会，邀请舞蹈艺术家、中央戏剧学院舞剧系主任沈培艺，东方歌舞团歌唱家朱明瑛，艺委会专家、国家一级编导甘露，青年舞蹈家殷硕对舞剧提出意见。

截至2023年初，《只此青绿》自2021年首演以来，演出近240场。中国演出行业协会发布《2022年中国演出市场年度报告》，报告显示舞蹈诗剧《只此青绿》超越演唱会与音乐节、话剧、曲艺（含脱口秀）等各艺术门类的各项目，获得2022年演出市场票房收入榜首。

相似的流程，孟庆旸重复了几百遍。《只此青绿》400多场巡演，孟庆旸参与了超300场。而如今，这个数据还在不断增长。

2023年，中国东方演艺集团启动2023中国东方艺术季暨舞蹈诗剧《只此青绿》120场巡演。从2023年3月起，舞蹈诗剧《只此青绿——舞绘〈千里江山图〉》走进杭州、上海、成都、苏州、天津等城市，以多元化的方式诠释艺术作品。

这些数字和成绩的背后，是剧团日复一日的付出，是持之以恒的毅力。孟庆旸偶尔也会感受到巡演的枯燥和演出的压力。《只此青绿》的演出一场接着一场，她还记得，在《只此青绿》第一轮巡演快结束的时候，她们接到了春晚的邀请。

那个时候，她们一天需要演出两场。下午2：30一场，晚上7：30一场。然后晚上10点多再赶到央视大楼参加春晚排练。第二天早上9点多，她们又赶到央视大楼参加排练，排练完继续《只此青绿》演出。

连日演出的疲惫，春晚舞台的压力，让她们本就拉紧的弦绷得更紧了。孟庆旸说："巡演期间，没有业余生活，已经习以为常。但没有睡眠，挺可怕的。"

舞台艺术，是现场的艺术，舞台上不能有任何的失误。而对于表演，孟庆旸从不放松对自己的要求。这也意味着，作为领舞，她要比旁人付出更多的时间，承受更大的心理压力。

当《只此青绿》第一轮巡演最后一场大幕徐徐落下，孟庆旸转过身，对着共演的其他演员们，还没说出一句话，就哭了。她一哭，其他演员也忍不住了，陆续开始哭。

言及此，孟庆旸有些腼腆，她说自己很少哭，但这一次是真的太累了。那是经受了高强度压力后的彻底释放，是神经高度紧绷后的应激反应。

哭出来后，压力也释放了。孟庆旸说，中国东方演艺集团的宗旨是百场如一，演员之间会相互加油打气，相互鼓励。

擦干眼泪，当再一次出现在舞台上的时候，观众们又可以看到孟庆旸和演员们的精彩表演。演员，就是将舞台的精彩留给观众，背后的辛苦留给自己。

《只此青绿》上演后，孟庆旸还有一些其他工作的邀约。作为演员，她必须做到不让其他活动影响《只此青绿》的巡演，保持自己最好的状态。在连日的巡演中，孟庆旸也大病了一场。有一天，她出现了心口疼、胸闷、呼吸困难等症状。她形容当时的情况"喘不上气，完全无法控制自己"。她被送去了医院急诊，医生诊断为心肌性缺血。医生跟她解释："心肌性缺血，简单地说，就是太累导致的。"但这些身体上的苦痛，她没有跟父母说，也没有跟团里说。舞台的荣光属于演员，她觉得自己没有资格喊累。

孟庆旸清楚地知道，舞蹈艺术是现场的艺术，不能重来，不能重复，所以每一场演出都容不得失误。她能做到的，就是始终以一颗恭敬的心对待艺术，对待舞台，对待每一场演出。

　　当然，百场巡演，更多的是无数美好的回忆、无数个感动的瞬间。

　　孟庆旸至今记得，2022 年 6 月 23 日，《只此青绿》在武汉琴台大剧院迎来第 100 场演出。当《只此青绿》的大幕落下，孟庆旸的脑海中闪过百场演出的一个个瞬间。两位总导演客串看展人，谢幕时舞美工作人员从乐池中升起来，因为展卷人饰演者在上半场意外受伤，下半场另一名展卷人临时补上，谢幕时双展卷人同时出场……掌声久久回荡在剧场，激动人心。"与'青绿'相遇百场，很幸运，也很珍贵。"孟庆旸说，"一次次幕起幕落中，我们主创和观众一起去感受中华优秀传统文化的美好。"

孟庆旸也记得，2022年11月22日，《只此青绿》在南京江苏大剧院迎来第200场演出。那一天，中国东方演艺集团在官方微博上留言纪念："15个月，32座城，200场演出。我们相携同行走过五湖四海，风雨兼程，耕耘点滴。我们每场的展卷相遇，独一无二，弥足珍贵。新一百场里有摘获文华大奖的荣幸，有相约一周年国家大剧院回归演出，这一路前行，时有阴晴圆缺，探索收获经验，装进行囊出发。"

《只此青绿》演出了400多场，孟庆旸也跳了超过300场。青绿已经成为她灵魂的一部分，已经流淌进她的生活。但孟庆旸却说："当演出300场后，回头再看'青绿'这个角色，你会发现越来越难诠释她。"

为什么难？

孟庆旸说："刚开始，我对青绿还没有很多自己的想法，是亦步亦趋地追随着青绿的脚步。但随着巡演的进行，我发现她的气韵是无边无际的，那是传统文化在新时代的传承、发展、沉淀。这种无边无际吸引着我，引领我站在舞台上和大家见面。"

百场如一，百场也有百场的新感悟。孟庆旸说，因为青绿有着岁月的厚重感，代表着我们传统文化的辉煌和新生。"正因为青绿是没有边际的，我仍然会对她有新的感受。"

无论是100场、200场，还是300场、400场……场场如此，次次如此，孟庆旸始终要求自己以最好的状态成为青绿，以最好的状态面对观众。

亮相春晚

在《只此青绿》创作、传播的历程中，春晚是重要的一站。起源于1979年，正式开办于1983年，每年除夕之夜为了庆祝新年而举办的中央广播电视总台春节联欢晚会受到全国人民关注。尽管随着网络的发展、新媒体的兴起，春晚的收视率也受到了一定程度的冲击。但能否登上春晚，能否在春晚获得关注，还是检验文艺节目质量的重要标准。

在登上央视春晚之前，《只此青绿》已经有了几次登上节目引起热议的经历。

2021年10月，《只此青绿》选段《入画》登陆《国家宝藏·展演季》。《国家宝藏·展演季》节目从《国家宝藏》前三季国宝的前世今生中汲取灵感，用不同艺术形式演绎国宝故事。首期节目以"少年十八岁"为主题，用"舞蹈诗剧"绘就王希孟《千里江山图》卷，连接千年前后的静与动。节目中，张翰、孟庆旸领舞呈现了《只此青绿》的《入画》篇章，节目播出后收获了244万次点击播放量。

图片来源：哔哩哔哩

　　2021年12月31日，《只此青绿》选段《青绿》登上2021"最美的夜"哔哩哔哩跨年晚会。如果说央视的节目属于全家欢，哔哩哔哩跨年晚会则聚焦于年轻人的喜好。节目分成了"日落""月升""星繁"三个篇章，呼应晚会主题"2021年最美的夜"。在哔哩哔哩跨年晚会上，孟庆旸领衔青绿女群舞带来视觉盛宴。"太惊艳了""再来亿遍""这才是国风啊！""翩若惊鸿，宛若游龙""这是我能免费看的吗？""古典和现代的完美融合""若非群玉山头见，会向瑶台月下

图片来源：哔哩哔哩

逢"……晚会播出当下，哔哩哔哩的弹幕就开始呈现刷屏的趋势。年
轻人通过互联网，表达着对《只此青绿》的喜爱，表达着对中华传统
文化底蕴的敬意。

在孟庆旸看来，同样是《只此青绿》选段，剧场里的女群舞更加
飒气。哔哩哔哩跨年晚会的呈现更侧重还原效果，"强调无声却充满
回响"。

据相关统计，《只此青绿》精彩亮相哔哩哔哩跨年晚会的时间段

内，实时在线观众达1.8亿。播出12小时后，《只此青绿》单条视频观看量达46.5万，相关话题阅读量达到3 120.7万人次。播出7日内，单集视频观看量达320万，微博相关话题阅读量突破6 500万。线上"定制版"的《青绿》舞段让更多年轻人了解到这部舞蹈诗剧。

紧接着，是央视春晚的舞台。

和舞台剧中青绿群舞不同，春晚舞台上，演员达到了17位。孟庆旸说："我们进入春晚排练的时间比较晚。当时春晚已经在进行一些节目的联排了，而我们还在《只此青绿》巡演。中国东方演艺集团紧急调整了工作任务，分配出时间让我们去排练。"

孟庆旸说，女性诠释美的角度与男性诠释美的角度有所不同。

韩真、周莉亚两位女性编导，以独有的细腻、精致，既呈现了千里江山的壮阔，又体现了中华优秀传统文化的悠韵。区别于传统的舞台，春晚虽然是舞台表演，却需要通过电视的形式和语言传递。两位导演清楚，春晚的舞台不同于一般的舞台，面对电视镜头，需要对舞剧进行二度创作。

好在，两位导演对春晚舞台并不陌生。此前，韩真、周莉亚创排的舞剧《永不消逝的电波》以李白烈士的真实故事为素材，通过舞剧的独特表现形式，把石库门、弄堂、马路、报馆、旗袍裁缝店等老上海的城市特色细致入微地呈现在舞台上，再现了为新中国解放事业而壮烈牺牲、可歌可泣的英雄形象。舞剧《永不消逝的电波》获得了中国文化艺术政府奖"文华大奖"和精神文明建设"五个一工程"奖，获得了观众的喜爱。其片段《晨光曲》于2020年还登上了春晚，给观众留下了深刻印象。

摄影：王徐峰

　　尽管两位导演有之前成功将《永不消逝的电波》搬上春晚舞台的经验，有《只此青绿》首演和巡演的经历，但将《只此青绿》搬上春晚舞台，也面临着种种难题。春晚舞台突出热烈气氛，《只此青绿》整体风格素雅，《只此青绿》如何能够符合春晚舞台喜庆的氛围？

　　在《只此青绿》被确定进入春晚节目名单那一刻起，二度创作就开始了。韩真、周莉亚细抠了剧中几乎每一个细节。《只此青绿》舞台版中，孟庆旸饰演的青绿抬眼动作角度，是侧90度，意在突出青绿的孤洁。但在春晚舞台上，导演要孟庆旸改为侧45度。很多人一开始不理解，这45度是因为什么呢？

原来，经过导演和孟庆旸的反复试验调整，她们发现，在摄像机镜头下，孟庆旸的侧90度动作会凸显青绿刚强的特质，减弱青绿的诉说性，而青绿的偏侧45度的状态，会让孟庆旸的下颚线更加柔和，也更符合春晚的合家欢调性。

孟庆旸说，是侧90度还是45度？这虽然是一个小细节，但背后是两位导演对镜头语言的娴熟把握，是她们对美的极致追求。

除了适应整体氛围而进行的细节调整，《只此青绿》演员们还面临着舞台的改变。舞剧剧场的地面是地胶，而春晚舞台是玻璃地面。《只此青绿》的《青绿》选段，演员们有大量的行进动作，而玻璃材质的地面演员不容易着力。果不其然，刚开始春晚舞台彩排，就有演员摔了。因为要变换不同的形态，玻璃中间有接缝，有高低，演员的重心往下，是摸着地走的，脚有可能被缝隙绊住；玻璃也很滑，她们一旦踩着裙子可能就会摔跤。孟庆旸说，当时演员们一直在剧场舞台和春晚舞台中不停切换，还好大家非常专业，很快便适应了下来。

事实上，春晚版本的《只此青绿》女群舞在时间上被压缩了。《只此青绿》舞台剧女群舞是11分钟，哔哩哔哩版本压缩到了8分钟，春晚又压缩了2分钟，仅剩下了6分钟。春晚舞台上，青峰叠嶂，绿水隐现；舞者眉眼锋利，绛唇高髻……经过高度凝炼、两度创作的《只此青绿》，在春晚的舞台大放异彩。现代技术和舞台艺术的融合，更呈现了丰富的意蕴，供观众细细品鉴。

舞蹈《只此青绿》选段

图片来源：中央广播电视总台

"绝美！震撼！"亮相春晚的舞蹈诗剧《只此青绿》，触动了无数观众的心弦。

《只此青绿》彻底出圈。随着节目的火爆，青绿的标志性舞姿"青绿腰"迅速出圈。在选段中，这一动作由孟庆旸来重点呈现，即将上半身整体后仰，使腰与地面呈平行状态，模拟"险峰"的形貌。社交媒体上发起了模仿"青绿腰"的挑战，网友更是送给孟庆旸"邀月公主"的称号，直呼"姐姐的腰不是腰，是撩我心的一把钩子！"

无限风光在险峰。"青绿腰"动作奇峻优美，需右脚在前，左脚在后，腰部慢慢向后，倾斜至上半身与地面平行，再缓缓回正。

"青绿腰"火了之后，孟庆旸还专门拍了一个15秒的短视频传授动作要领："青绿腰，是身体形成几何状态，如同山石，核心力量在腰部。右脚在前，左脚在后，整个人像巍峨的山峰，腰部慢慢向后……"

为了在舞台上呈现最好的"青绿腰"，孟庆旸疯狂进行能力素质训练，即使不演出也不断练习，保持肌肉状态。孟庆旸解释："青绿腰需要用到腰肌、腹肌、背肌，还有腿部肌肉，让腿部和腰腹肌保持平衡。因此，对专业舞者来说，'青绿腰'不是伤腰，而是伤肌肉，没有演出的时候，我也要保持能力素质训练达标。"

孟庆旸这样阐释"青绿腰"的含义："'青绿腰'，说小了是春夏秋冬，说大了是中国文化如巍巍山峰不倒。"导演韩真、周莉亚曾这样形容："以绚烂之身成全了时空的联结，赋予全剧一种更加苍茫、宏大的时空维度哲思。"

粗略统计，舞蹈诗剧《只此青绿》媒体曝光量已达百亿级，官方媒体报道超过2 000篇，亮相央视《新闻联播》5次，《人民日报》以"舞蹈诗剧《只此青绿》首演""《只此青绿》上演百场爆火，领舞孟庆旸：与'青绿'相遇很幸运"为题进行了专题报道，人民网发布了26 480篇相关新闻、刊登了687篇专题报道，在人民网官网、官方抖音、官方微信公众号、官方微博等全媒体平台曝光千万次，微博话题阅读超过19亿次、讨论超49万条……

持续而来的高曝光和热度，给孟庆旸带来了怎样的改变？

放慢的生活

　　《只此青绿》的火爆，也带"火"了孟庆旸。但孟庆旸却觉得，出演《只此青绿》后，她的日子反而慢了下来。

　　《只此青绿》的成功，也是中国东方演艺集团的成功。孟庆旸的成名有偶然的因素，也有必然的原因。作为文化部直属院团、文化体制改革的先行者，中国东方歌舞团于2009年11月挂牌成立中国东方演艺集团公司，完成转企改制。转制以来，中国东方演艺集团探索建立与市场接轨的经营管理模式，努力增强服务观众、开发市场的能力。近年来，中国东方演艺集团希望"出人、出戏、出效益"，能够创作兼具社会效益和经济效益的剧目。《只此青绿》可谓恰逢其时。可以说，孟庆旸的火，不仅是她个人的火，也意味着老牌院团中国东方演艺集团形成适应当下创作的机制，掌握创作的密码，获得观众和社会的认可。

　　"该剧选好题目找准定位，深入生活匠心精制，凝聚合力双效合一，重视推广双线并举，尊重市场深挖价值。"景小勇总结《只此青绿》时说。

的确，《只此青绿》兼顾了社会效益和经济效益。除了入选"庆祝中国共产党成立100周年舞台艺术精品创作工程"重点扶持作品，还获得了2022年度国家艺术基金资助项目和北京文化艺术基金（2021）年度资助项目；写入国务院新闻办公室首次专门就青年群体发布的《新时代的中国青年》白皮书；入选中国艺术研究院发布的《〈讲话〉精神照耀下——百部文艺作品榜单》；成为国家文化产业发展项目库第二批入库项目；2022年9月摘得中国文化艺术政府奖——"文华大奖"。

年轻的孟庆旸对此有着难得的清醒认识。她深知自己现阶段获得的名利，是以中华优秀传统文化为底蕴，依托着中国东方演艺集团的平台而实现的。不过，当然也离不开她自身的努力。

在团里，孟庆旸有着"铁娘子"的称号。生活中，孟庆旸大大咧咧，不拘于小节。但一旦开始跳舞，她就变得非常严肃，对每一个舞蹈动作都追求极致，对一段表演都精益求精。团里的几个小姑娘坦言，在工作中还有些"怕孟姐"。

在《只此青绿》一站巡演的某一场中，孟庆旸刚好遇到了生理期。此前几天，孟庆旸靠着吃止痛药布洛芬一直在坚持。坚持到生理期第三天，孟庆旸感觉有些撑不住了。想到她的角色还有B角演员，她偶尔请假一次，应该不会耽误演出的进行。孟庆旸穿过后台，准备跟相关领导说请假的事。

她走到舞台后方，却不自觉地被眼前这一幕吸引了。

这是《只此青绿》开演前平常的一幕，为了保障演出安全，所有舞美工作人员，在认真地检查每一个舞台装置，拧紧每一个螺丝。

摄影：王徐峰

　　为了演出顺利，为了"青绿"的每一次绽放，无数工作人员坚守
在岗位，默默做好自己的工作。

　　那份认真、那份专注，让孟庆旸一下子呆住了。孟庆旸说："看
到这么多人在保障演出顺利进行，作为演员，我有什么理由喊辛苦、
喊累？"

　　从小开始的集体生活，给了孟庆旸很强的荣誉感。

　　孟庆旸说："演员站上舞台代表的不仅仅是自己，很多观众看不
到的基本工作都是幕后人员做的，但是荣光都留给了演员。"

　　孟庆旸心里清楚，是角色成就了自己，而不是自己成就了角色。
直到今日，孟庆旸仍认为，青绿是她最喜欢的角色，青绿给予她的已
经远超过一部舞剧的范畴。"浮躁时学会沉静，简单中的高级，这是
青绿赋予我的。"孟庆旸说。

　　青绿本是一种矿物颜料，舞剧《只此青绿》却将青绿作为一个角

图片来源：哔哩哔哩

色，赋予静的东西以生命。孟庆旸在遇见青绿、接近青绿、塑造青绿的过程中，也不自觉地被青绿所吸引、所同化。

孟庆旸说，青绿有种天然的疏离感，它不是一个角色，不是一个人物，却有着人的情感、人的思想。这个角色需要够静，够冷，这要求演员不仅要做到外在的静、冷，内心也必须足够静、冷。

作为一个舞者，孟庆旸已不年轻。但她觉得，她是在最好的年纪遇见了青绿。"如果20岁出头遇到这个角色，可能达不到这样的境界。青绿是我29岁到30岁收到的最好的礼物。"孟庆旸说，"我20岁成为舞者，过了10年才遇到了青绿，从我20岁站上舞台，到现在30多岁，一直在为角色服务。以往的角色和表演经历都是岁月的铺垫，才能让我在这个时候形成这样的表现力。"

对孟庆旸来说，与青绿的契合是从远到近，再到相邻、逐渐融合的过程，一路走来她花费了不少的心思。有时候，孟庆旸甚至觉得，青绿已经重新塑造了自己，如果有平行世界，自己与青绿一定是相融的。

《只此青绿》舞蹈中有个动作是静待与踱步，寓意为"当你张开双手，才能怀有日月"。

孟庆旸的生活，也因为《只此青绿》和青绿一角，产生了潜移默化的改变。用孟庆旸的话说，与青绿相识到与青绿相融，就是她对传统文化从发现、沉淀到主动传承的过程。

在排练的日子里，除了舞蹈训练，她还额外去学习、了解宋代文化；在巡演的日子里，她跟着剧团走进一个个城市，认真准备每一场演出，全力以赴完成每一次表演。

　　她的脚步变得稳健有力，她的气息变得沉稳宁静。走在路上的时候，孟庆旸不再步履匆忙，而是会享受当下的阳光，抬头看看蓝天，为路边绽放的花朵驻足。在孟庆旸看来，青绿这个角色让她的心境变得平和，也让她的步履更加稳健有力。"《只此青绿》让我在快节奏的社会中慢了下来，青绿赋予了我很多能量，这是文化带来的内心充沛。"

　　传统文化的浸润，也影响了孟庆旸的为人处世。

　　孟庆旸逐渐走进了大众的视野，对此，母亲席凤梅会时不时提醒她，要低调做人，要记住本职工作。

　　孟献东则常在人生规划、待人接物方面给出建议。孟献东跟孟庆旸说，要多替别人着想，多考虑别人。孟庆旸刚进中国东方演艺集团，国外演出任务比较多，孟献东就跟孟庆旸说，到别的国家去要带一些当地有特色的东西回来，给家里亲戚送一些，给团里没有出过国的同事送一些。"多少是一份心意，不在乎礼物多么贵重，要让别人知道你心里想着对方。"

　　其实不用父母提醒，孟庆旸也知道，要低调做人，高调做事。她平时穿个运动服就来剧院，没有助理、没有跟班，谦逊地对待周围的人。连化妆师都说："孟孟一点架子都没有。"

　　2021—2023年，她放弃了其他工作，专心演好青绿。在外人看来，随着《只此青绿》声名鹊起的孟庆旸，其实有很多其他选择，但孟庆旸却很坚定。她说："我觉得一切非常值得，我珍惜每一次排练，珍惜每一次跟青绿的相融。"

青绿无边

    从2012年进入中国东方演艺集团开始，孟庆旸十多年间持续在国外巡演，助力传播中国文化，走出国门。

    这些年，孟庆旸去过美国、加拿大、德国、澳大利亚等发达国家，也去过哥斯达黎加、智利、贝宁、科特迪瓦等发展中国家。有时候出门在外，一演出就是一个多月。用她的话说，"发达的地方去过，不发达的地方也去过，我们希望通过舞蹈的形式，将中华文化介绍给全世界不同地区的人们。"

    令孟庆旸印象深刻的是在那些欠发达地区演出的经历。有一次，中国东方演艺集团来到贝宁、科特迪瓦、塞内加尔等西非国家演出。当时西非的疟疾非常流行，好多团员买了从头到脚的防护服，把自己裹得严严实实，全副武装上了飞机。

    从北京出发，坐飞机要20多个小时才能到达目的地。

    尽管对当地贫穷落后的情况有心理建设。落地后，孟庆旸和团员们还是被眼前的景象惊呆了。孟庆旸形容："长这么大都没见过那种

情况。当地贫困到很多人都吃不饱，走到街上，随时会有一群孩子围着你，问你要吃的。"

他们演出的舞台，是由简陋的木板搭建的台子。演员在台上演出，真的可以和观众"面对面"。尽管演出条件简陋，孟庆旸和演员们仍是以饱满的情绪、精湛的技巧，为当地观众奉献了一场场精彩的演出。

在舞台上，中国东方演艺集团表演了中国的敦煌舞，还表演了一些非洲舞蹈。演出前，孟庆旸感受到了台下观众好奇而陌生的目光。当孟庆旸穿着中国传统服饰，在台上表演起中国的敦煌舞时，她能感受到台下观众的目光从好奇变成惊讶，惊讶变成感动。"艺术是相通的，它不在乎你的国籍，不在乎你的贫富。"孟庆旸说，"你不需要知道我是谁，但我从他们的眼中，读到了他们对中华文化的共鸣、欣赏、尊重。"

在澳大利亚、美国、英国等发达国家的演出，演员们站在舞台中央，在灯光的渲染下，在富丽堂皇的剧场里，通过精湛表演获得观众的鼓掌，赢得了他们对中国文化的一片赞叹。这是一种艺术的交流，充满了高雅的文艺气息。在贝宁、哥斯达黎加这样的发展中国家的演出，演员和观众是近乎面对面的交流，也有剧院表演形式没有的优点。孟庆旸说，我们和观众离得那么近，能够感受到观众从没有见过这样的艺术形式的惊讶转变为感动的过程。"或许演员会赋予自己很多自我感动，但我觉得，这个过程，也是艺术活动的意义。"孟庆旸说。

孟庆旸还参加了很多外交和外事活动，宣扬中国文化的魅力。2009年，她以独舞表演《飞天》与美国杨百翰大学进行舞蹈艺术交流。2014年，她在APEC峰会晚宴上为国家主席和各国首脑出演了8分钟的自编独舞《春江月色》，在2014年第二届夏季青年奥林匹克运动会闭幕式出演《五洲欢聚》并担任领舞，同年赴日本参与华人华侨春节联欢晚会并担任领舞。2015年她受邀参与ICN国际卫视的录制，赴美国出演中国舞蹈《反弹琵琶》。2017年，在朝鲜最高领导人第一次访华晚宴中，孟庆旸为《阿里郎》领舞。2018年，孟庆旸在中非合作论坛北京峰会人民大会堂出演敦煌舞蹈《飞天彩虹》，担任领舞，为国家主席及夫人、中非各国首脑，献出中国美的艺术。2019年，孟庆旸参加了第七届世界军人运动会闭幕式《丝路霓裳》领舞，并参

图片来源：顶尖舞者

与编导工作，同年，她受中国舞蹈家协会的邀请，参与"顶尖舞者"海外巡演工作，与中国顶尖舞者一同送去中国的艺术盛宴，让世界了解中国艺术，弘扬了中华民族精神。

孟庆旸知道，站在台上，他们代表的就是中国文化。而走下舞台，他们也因此有了更丰富的视角，感受中国的发展和强大。

在乌拉圭，孟庆旸发现街头都是中国捐赠的健身器材。在贝宁，孟庆旸说起自己是中国人，当地人都会露出微笑，态度友好。原来，当地很多工程都是中国援助的。看到很多建筑上写着"中国建设"，让孟庆旸感受到了中国的强大。孟庆旸说："当地人对我们的尊重，是对中国人的尊重，这背后，是我们可爱的中国，是我们国家的力量。"

有时候，国外的演出能够让孟庆旸跳出现有的环境，用多元的视角来看待中华文化。这也让孟庆旸对博大精深的中华文明、源远流长的中国文化，对当下中国的发展变化，有了更多的感悟。用孟庆旸的话说就是"充满感动和骄傲"。

文明因交流而多彩，文明因互鉴而丰富。舞蹈这种艺术手段，加强了文化交流，增进了文明互鉴。在对外交流活动中，孟庆旸能感受到外国友人对中国文化的喜爱、尊重。孟庆旸说："我们用自己血脉里的精神力量，来展现民族文化符号。那一刻的我们，是骄傲的，是自豪的。"而这样的交流、这样的感受，也丰富着孟庆旸的人生和艺术经历，让她觉得身上多了一份沉甸甸的责任。这滋养着她继续学习并呈现中国舞蹈艺术、传播中华优秀传统文化。

以《只此青绿》为例，根据中国东方演艺集团董事长景小勇的介绍，《只此青绿》充分利用线上传播渠道，以"影响力先行"的方式

走出国门，走向海外，通过人民网在海外平台的多元化媒体宣传，已初步在海外市场上营造出"未见其人，先闻其声"的效果。《中国日报》通过报网融合的形式推送相关内容，获得超6 000万的阅读量。作品巡演期间，秉持"传播中华文化、彰显东方特色"的理念，共以9大外文语种发布海外报道数十篇，引发"中华优秀传统文化魅力"的海外讨论热潮。

如果说王希孟创造了"青绿"，那一抹青绿成为他笔下的大山大河，穿过岁月的长河，延绵至今。那么，《只此青绿》赋予"青绿"时代生命，让"青绿"在当代大放异彩。

孟庆旸说："世界因多元而丰富，艺术因理解而欣赏，人类因和谐而共生，'千里江山'，不止'青绿'，让我们创造更多具有中华特色的文化作品，呈现在全世界的舞台上。"

"现在的文艺工作者，身处一个非常幸福的时代。全球越来越频繁的文化交流，让我们有机会走到世界各国做交流访问，有机会欣赏很多国家的艺术，领略不同文化背景下的舞蹈艺术的特点。"在一次演说中，孟庆旸有感而发，"我很庆幸，我的身份是一名舞者，可以用舞蹈向全世界传达我的祖国——中国的优秀传统文化。也许舞者艺术生涯是有限的，但舞蹈作为一种艺术语言，所能够承载的美好记忆和情感是无限的。我相信，在世界各个角落，每个国家都有属于自己独特的传统舞蹈、传统文化，我希望世界舞蹈艺术家，用形体、独特的艺术风格，更多表现各自国家的优秀的文化宝藏。"

然而，充实忙碌的生活也不是没有遗憾。这些年频繁的演出、日复一日的排练、繁重的事业，让孟庆旸很少有时间回家。也因此，孟

庆旸在工作期间遭遇了至亲的离世。

2016年，孟庆旸在美国、加拿大演出期间，她的姑姑忽然打来电话。电话中，姑姑支支吾吾，对孟庆旸说："奶奶最近身体不是很好。"

此时距离回国还有些日子，孟庆旸从小跟奶奶感情很好，挂了电话，她越想越觉得不对劲，又给姑姑打了电话，问奶奶怎么样？

姑姑回答说："奶奶……身体有点弱。"

也许是和奶奶有着很深的情感联系，她感受到了一种强烈的不安。孟庆旸继续追问奶奶具体的身体情况。

姑姑瞒不下去了，说道："奶奶，没了……"

孟庆旸顿时陷入了巨大的悲伤中，不愿相信这个事实。

在那一刻，孟庆旸才知道，人在最悲伤的时候，是哭不出来的。

缓了20分钟，她才开始号啕大哭。

冷静下来，她想了想，接下来该怎么办？当时在美国的演出还剩下两三场，在国外也不好临时找演员替换。

孟庆旸逼自己调整好状态，完美完成了所有演出。演出结束后，孟庆旸连夜坐国际航班赶回老家。

等孟庆旸马不停蹄回到老家时，奶奶已经在太平间放了几天。直到孟庆旸回去，奶奶的追悼会才举行。

孟庆旸姥爷去世的时候，孟庆旸也在外地演出。

那天的演出是综合演出，孟庆旸担任了两个舞蹈的领舞。如果她申请离开，团里也会允许。但这意味着需要找到人顶替孟庆旸的演出，而她不想给团里添麻烦。擦干眼泪走上舞台，当大幕拉开的那一瞬，她微笑抬头。这就是舞蹈演员，不论遭遇了什么，在舞台上都将最好的一面呈现给观众。

下午演完结束后，孟庆旸马上赶到机场，坐最近一班飞机飞回老家。一路上，孟庆旸不停想起妈妈跟她说过的一句话："成年人，很多东西都身不由己。"

2023年，文化和旅游部公示了2022年度高级职称评审结果，孟庆旸获评国家一级演员。孟庆旸觉得自己非常幸运，20出头进入中国东方演艺集团，31岁拿到国家一级演员职称。这在很多人看来都是可望而不可即的目标。与其说这是对她专业成绩的肯定，孟庆旸觉得，这更是一个全新的起点，她希望未来自己还能跳下去，还能为大众带去更多优秀的作品。

席凤梅很支持女儿，她总是跟孟庆旸说："有些东西要反思，要学会换位思考，艺术之路很长，要低调做人。"

舞者亦是行者，不喧哗，自有声。孟庆旸说，希望自己的路能走得更远一些，也看得更远一些，而不是盯着现在，急于求成。

"舞蹈是我的信仰。"孟庆旸不止一次这么说，"舞蹈，是我的兴趣、我的爱好，跳舞能给我带来无限的乐趣。舞蹈就像我口袋里的一颗糖，它赋予我精神上的快乐和力量，舞蹈像是我生命中不可分割的一部分。"

孟庆旸视舞蹈为一种文化力量，能够和观众产生共鸣。"舞者用舞姿带给观众美的感受的同时，也将文化、历史、情感传递给观众。"

在孟庆旸看来，中国古典舞是中华优秀传统文化的一部分。"现在越来越多的人喜欢古典舞，这是人们骨子里的对中国文化的认同和信心。你平时可能不会去过分关注（传统文化），但这种文化的影响、文化的熏陶就在基因里，再漫溯到生活中。"

传统文化赋予了孟庆旸艺术的表达，那么她要做的，是力所能及地传播传统文化。"我希望通过我的努力，弘扬传统文化、传承中华精神，做一名艺术传承者，做传统文化的传播者、美的传播者。"

在舞蹈事业之外，孟庆旸还积极热心地参与公益活动和教育事业。2011年，孟庆旸赴台湾参加热心公益艺术活动，获得热心公益证书。2016年，她被河南省周口师范学院聘为客座教授，并与周口

师范学院的专业舞蹈系学生分享艺术课题，传播中国舞蹈文化。2018年，孟庆旸被人民出版社、中国新闻出版研究院授予"全民阅读推广大使"荣誉称号。2019年，她被黄河科技学院舞蹈科教中心聘为客座教授。

2020年新冠疫情暴发，很多文化演出活动也陷入停滞，利用互联网，孟庆旸做着力所能及的事。"可以通过录制视频、网上舞蹈课等，足不出户地做一些公益。"孟庆旸说。

2020年，孟庆旸担任了中国少年儿童文化艺术基金会助梦导师，在疫情期间，线上为少年儿童提供舞蹈教学，推广中国舞蹈艺术，满

图片来源：顶尖舞者

图片来源：顶尖舞者

足孩子对舞蹈启蒙教育的需求。

　　作为中国舞蹈家协会顶尖舞者，孟庆旸还开启了"慕课计划"公益课堂。2020年5月她参与录制中央电视台《天使的礼赞》，致敬所有抗击疫情的白衣天使。

　　如今，《只此青绿》已在全国巡演超过400场。一场场演下来，孟庆旸觉得自己对青绿的理解越发深刻："演绎青绿，成为青绿，你会发现青绿背后那厚重的文化底蕴。它是无边无际的，有着悠久的时光印记，更有着中华优秀传统文化的典雅和气韵。"

生命的底色

孟庆旸

　　这世间万物所带来的美好，无一不牵动着心的跳动，而从心脏初次跳动的那一刻起，生命便走出了感受万物美好的第一步。人们总说丰富多彩的生活，说得多了，意义也就变得越发模糊。仔细地去品味生活，就像打开一包从没吃过的膨化食品，你能清晰地感受到每一次咀嚼，以及它在你口腔中迸出的酥脆感。感受生命的每一个阶段，就像是解读对应的花语，每个阶段拥有着不同的色彩与内涵。而站在30岁的人生的节点，我既心怀憧憬，又常存感恩之心。回望过去的岁月，有些记忆画面已经模糊，但有些色彩又愈加明显。我的前方像是闪烁着光芒，让我充满期待。这种期待，与我孩童时期待长大完全不同，因为这些年我不断地回头看和向前走，让我知道自己从哪里来，又会到什么样的地方去，这种期待也越发坚实，稳定，无所畏惧。

　　每当自我介绍的那一刻，脱口而出的第一句总是"大家好，我来自中国东方演艺集团，我是舞者孟庆旸"。我认为，正是"舞者

孟庆旸"五个字放在一起，才是拥有色彩的。"舞者"二字担负着我学舞20年浓墨重彩的每一瞬，而孟庆旸则是承载和感受色彩的主体。因此到现在为止，于我而言，"舞者孟庆旸"五个字连在一起才是完整的。

　　早晨醒来，温暖的阳光透过窗帘照进室内，一杯咖啡使自己快速苏醒，看着宠物金毛犬趴在脚边，我不由自主地感受到一种惬意的自在感。有时，我会想，我来到这个世界，初睁双眼的那一刻，感受到的生活是什么样子的。回忆起幼儿时的记忆，这份记忆是模糊的，我把这份模糊定义为被动，就像大家开玩笑说，"命运的齿轮开始转动起来"。这一刻并非我主动去做选择，是父母给予我来到这里的机会，对那时的他们来说，我的未来是未知数，而我也并不知道我会去到何处。他们在这个阶段中替我做出了各种决定，而正在经历无色生活的我能够感知到，这段无色的经历中包裹着父母对我满满的爱意和热切的期盼。

　　如往常一样，我迎着朝阳开车去上班。我喜欢阳光晒过衣物后的味道，今天身上的衣服因为这几日阳光正好，也散发着令我愉悦的熟悉气味。经过东三环，太阳折射出金灿灿的光线，让我恍惚中记起了一些旧日的时光，那些穿着舞鞋挥洒汗水的日子。这应该是我人生中为自己做的第一个决定，是因为"喜欢"。那时的我或许并不知道我要为舞蹈付出多少，自我穿上第一双舞蹈童鞋时起，我便如夸父逐日般朝着那束阳光奔跑着。而随着舞鞋码数的增长，我开始明白，因为我喜欢，所以我要对自己的喜欢负责。在与舞蹈相伴的日子里，我清楚地记得，每次抬头，总有黄色的阳光照在脸庞上。我认为我的青春

是顺利的，是拥有能量的，因为我幸运地在儿时就找到了兴趣所在，在冥冥中遇到了恩师，获得了悉心的栽培；而当我上学离家感到孤寂时，在舞蹈路上遇到挫折时，我都能够在黑暗中给自己打气。我总不忘抬头看看太阳所散发出的金灿灿的光线，因为我知道，在我的青春时光里，我在日复一日地努力，我的青春浸染着那份金灿灿的黄，我是自己的太阳光。

　　我停好车走进单位，进入排练厅，与朝夕相处的家人们见面，开启舞者的一天。我一直认为这并非是单纯的日复一日，因为那样认为是单一乏味的，自小就过惯了群体生活的我喜欢和大家在一起，大家在一起的工作氛围是富有乐趣和热情的，我把这种火热形容成一种热烈的忙碌。手扶把杆，一滴熟悉的汗从额角渗出。音乐间隙中，我想起，这是我来到中国东方演艺集团的第11年。这11年的经历是热烈的，第一次站上舞台，第一部作品和角色，推动我持续向前走，集团的作品又通过电视媒介让我出现在大众面前。这11年间的舞蹈工作，让我像是站在一条无尽的河流之中，我的双脚被涓涓细流冲刷，它给予我潜心学习、修炼自身的能量。当我深呼吸睁开眼，灯光亮起，我能够恰如其分地将这种能量传递给台下的每一位观众。我每一个角色的所言所意，使得这热烈忙碌的十年获得了意义和答案。当我再一次深呼吸睁开眼，第一项训练结束了。

　　今日不同于往日，基本功训练结束了，我将汗水擦干，吃一口饭，小憩片刻，坐上大巴奔赴演出。这不是我第一次站上春晚的舞台，但是我第一次能够感觉到自己作为文艺工作者的责任感。在这一天前的深夜我才刚结束外地巡演的工作任务，来不及停歇，便来到

了春晚演播室。这个日子，别人的手机收到的或许都是新年快乐和各种新年祝福，而我收到的则更多是别样的鼓励和叮嘱，"孟姐，辛苦了""孟孟，加油""孟孟，一切顺利，你没问题的"。

我记得那天好辛苦，但是我也记得自己的义无反顾。舞者其实一直在等待一个命定的角色，就像青绿静待画中千年，它是希孟笔下的一抹色彩。因为他的落笔，使得青绿成为我生命里的浓墨重彩，是他的奔赴，成全了我的义无反顾。以吾身绘千里江山，不止青绿千载，愿其形神不殆。我将我所见所闻及体会，毫无保留地传递给每一位中华传统文化的传承者。演出结束，我长舒了一口气，我的30岁，是义无反顾的30岁，是与青绿色相遇的30岁。

走出电视台，我先生已在门口等我了。我记得很清楚，他说"辛苦啦，回家"。我记得演出结束已是深夜，踏进家门，跨年的钟声即将响起，这不是我第一次不在家人身边过年了，这是我作为舞者、演员十年来习以为常的事情。他煮好热腾腾的饺子端上桌，我心底竟也泛出一丝酸涩，一是挂念父母，二是有些感动，我深知我们这一路上都是这样，互相鼓励，互相陪伴，是一人行，二人从，自在且愉快地并肩良久。与家人同事互道新年祝福后，我才看到源源不断的推送通知，那是观众对于青绿的热烈反响，也有家人朋友送来的温暖祝福。一一回应后，我陷入了沉思，我记得那个时刻并非亢奋，而是如我于灯光亮起前所想，或许未来没人记得孟庆旸，但没关系，当我走向未来时，我肩负的是一种文化使命，是为传承中华文化再做进一步的努力。此刻的我觉得自己不再是站在涓涓细流中，而是漂浮在一片深蓝色的汪洋大海上，是未知，是深不见底，是别人或许对你有所期待，

而我却笃定的从容。我希望自己可以成为一片深蓝色的海，能够吸纳更多、包容更多的江河湖水，让涓涓细流的滋养，通过我的力量惠及大众，造福四方。

这是我的30岁。这些经历对于我来说像是感受了不同的色彩，有必然混沌的无色，不知是我选择了舞蹈还是舞蹈选择了我；有青春期里金灿灿的黄，那是让人心安的熟悉色彩；以及有11年舞者生涯汇成的热烈的红，是翻滚，是炽热奔跑的代名词；也有我珍视爱惜的青绿色，是无尽灿烂的中华文化、责任重大的艺术使命的承载。而我又是个对明天抱有期待的人，我希望自己能够成为泛着深蓝色的海洋，拥有虽未知却包容的未来。这一抹抹的色彩，它流淌在我未来舞者生涯的长河之中，站在这长河中，我踏实满足，虽未满载而归，但会继续前行。直至今日，向前走的每一步，我都会不时回望，我知自己从哪里来，要到哪里去，也从不忘生命中每一抹色彩的感受。知来路，也知归途。抬起头新年已至，我关了灯准备睡下，低头一看，我的金毛

已经趴在床边，酣然进入了梦乡。

　　提笔至此，我发现我一如既往地期待着每一次大幕拉开，又不舍每次帷幕落下，我追逐着舞台上那束照耀我的光，那一瞬间好美妙，我的心脏似也随之欢欣起舞。我觉得这30岁来得太快，30年中的记忆画面如电影般在眼前频频闪过，每一抹色彩都知道我来过，而舞台前的你们也因为我的舞动，感知到我曾经来过。我要在此谢谢我的领导、导演、恩师以及帮助过我的家人朋友。31岁而已，未完待续……你好，我是舞者孟庆旸！

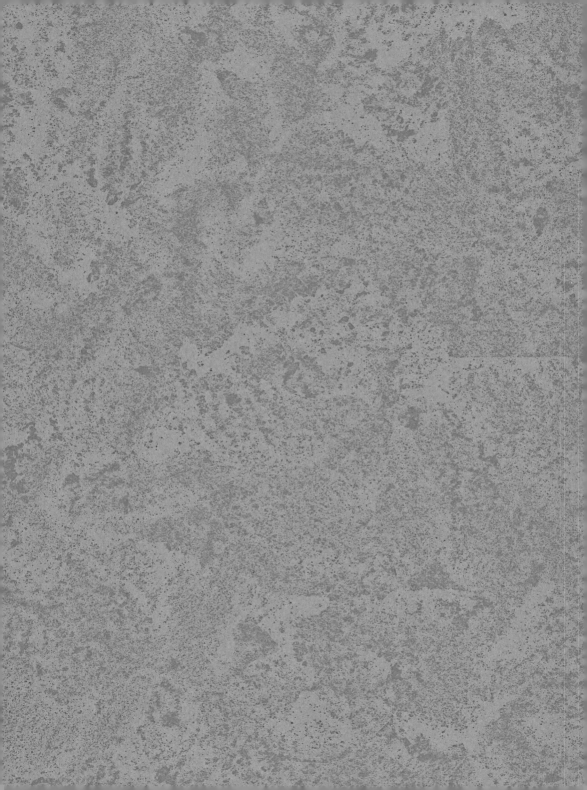